管理视角下的
财务会计理论创新研究

赵咏梅 ◎ 著

吉林出版集团股份有限公司

图书在版编目（CIP）数据

管理视角下的财务会计理论创新研究 / 赵咏梅著
. — 长春：吉林出版集团股份有限公司，2024.5
ISBN 978-7-5731-4867-4

Ⅰ．①管… Ⅱ．①赵… Ⅲ．①财务会计－研究 Ⅳ.
①F234.4

中国国家版本馆 CIP 数据核字（2024）第 079251 号

管理视角下的财务会计理论创新研究

GUANLI SHIJIAO XIA DE CAIWU KUAIJI LILUN CHUANGXIN YANJIU

著　　者	赵咏梅	
出版策划	崔文辉	
责任编辑	杨　蕊	
封面设计	文　一	
出　　版	吉林出版集团股份有限公司	
	（长春市福祉大路 5788 号，邮政编码：130118）	
发　　行	吉林出版集团译文图书经营有限公司	
	（http://shop34896900.taobao.com）	
电　　话	总编办：0431-81629909　营销部：0431-81629880/81629900	
印　　刷	北京昌联印刷有限公司	
开　　本	787mm×1092mm　　1/16	
字　　数	210 千字	
印　　张	13	
版　　次	2024 年 5 月第 1 版	
印　　次	2024 年 5 月第 1 次印刷	
书　　号	ISBN 978-7-5731-4867-4	
定　　价	78.00 元	

前　言

　　一直以来财务会计都是企业中极其重要的一个方面，它涉及财务信息的记录、报告和分析，为内外部利益相关者提供了关于企业财务状况的重要信息。然而，随着全球商业环境的不断演变和复杂化，传统的财务会计理论和实践也需要不断创新和调整，以适应新的挑战和需求。

　　在管理领域，对财务会计人员的需求日益增加。管理层需要更及时、更准确的财务信息来支持决策制定、资源分配和业务管理。同时，投资者、债权人和监管机构也需要更全面的财务信息来评估企业的稳健性和透明度。因此，在管理视角下进行财务会计理论创新研究变得至关重要。管理视角下的财务会计理论创新成了当今财务领域的重要研究方向。这一领域的研究旨在重新思考财务报告和信息披露的方式，以更好地满足管理者的决策需求，促进企业的长期可持续发展，并提高财务报告的透明度和质量。管理视角下的财务会计理论强调了管理层在决策制定中的角色，以及如何通过财务信息来支持战略规划、资源配置和绩效评估。本书旨在探讨管理视角下的财务会计理论创新，并分析其在实际应用中的潜在影响。我们将深入研究新兴的理论框架、方法和工具，以了解它们如何改变财务会计的实践。同时，我们还将关注管理者、投资者和其他利益相关者对这些创新的反应，以评估其对决策制定和市场效率的影响。

　　通过本书，我们希望为财务会计领域的理论和实践提供新的观点，为企业管理和投资决策提供更好的信息基础，推动财务会计的进一步发展和完善。我们相信，管理视角下的财务会计理论创新将成为未来财务领域的重要议题，对于促进企业的可持续发展和市场效率的提高具有重要意义。

目　录

第一章 财务会计基本理论

第一节 财务会计相关概念界定

财务会计是一门负责记录、汇总和报告组织财务交易和活动的科学。它的核心任务是提供有关企业财务状况和业绩的信息，以便外部利益相关者能够做出明智的决策。财务会计的主要概念包括会计方程、会计周期、会计报告、会计信息质量、会计准则和审计等内容。会计方程是财务会计的基础。它表明资产等于负债加权益。这个方程反映了一个企业的资产来源，其中一部分来自所有者权益，一部分来自外部融资，如债务。财务会计通过记录资产、负债和权益的变化来维护这个方程的平衡，以确保账目的准确性。会计周期是财务会计中的重要概念。会计周期通常分为年度和季度。在每个会计周期结束时，企业需要编制财务报表，如资产负债表、损益表和现金流量表，以反映该周期内的财务状况和业绩。这些报表提供了关于企业在特定时间段内的财务表现信息。

会计报告是财务会计的核心任务之一。企业必须定期向外部利益相关者提供财务报告，包括股东、投资者、债权人和监管机构。这些报告包括年度报告和季度报告，以及其他财务披露文件。这些报告提供了企业的财务信息，使利益相关者能够了解企业的财务状况和业绩。会计信息质量是财务会计中一个关键的概念。财务报告必须准确、可靠和相关，以便外部利益相关者能够依靠这些信息做出决策。信息质量受到会计原则、会计政策和审计程序的影响。高质量的会计信息对市场透明度和投资者信任至关重要。会计准则是财务会计的指导原则。它们规定了会计处理、报告和披露的方法和要求。会计准则通常由会计标准委员会或监管机构颁布，并根据不同国家的法规和标准进行调整。会计准则的目的是确保财务信息的一致性和可比性。

审计是财务会计的重要环节。审计是对企业财务报表的独立验证和审查过程，旨在确定报表是否符合会计准则和法律法规的要求。审计师负责评估会计信息的真实性和合法性，以增强报表的可信度。

一、财务会计的基本概念

财务会计是企业管理中的重要组成部分，它致力于记录、分析和报告与财务活动相关的信息，以便各方能够更好地了解企业的财务状况和业绩。在深入探讨财务会计的基本概念之前，我们需要明白它的核心目标，即提供准确、可靠、透明的财务信息，以协助投资者、债权人、管理层和监管机构等各方做出明智的经济决策。会计方程是财务会计的基础。这个方程表明，企业的资产等于负债加所有者权益。资产代表了企业拥有的资源，包括现金、设备、库存等，而负债代表了企业对外部实体的债务和义务。所有者权益则是所有者对企业的投资。通过保持这个方程的平衡，会计师能够保证财务数据的准确性，因为每一笔交易都必须同时涉及这三个元素。会计周期在财务会计中扮演着重要的角色。企业通常将其财务活动划分为特定的时间段，例如一年或一季度，以便更好地组织和报告财务信息。这种时间周期有助于企业和利益相关者了解企业在特定期间内的财务状况和业绩。

企业必须定期制作和发布财务报告，以向外部利益相关者提供财务信息。这些报告包括资产负债表、损益表和现金流量表。资产负债表显示了企业在特定时间点的资产和负债情况，损益表反映了企业在一定时间内的收入和支出，而现金流量表显示了企业现金的流动情况。这些报告提供了企业的财务表现的全面视图。财务信息质量是一个至关重要的概念。财务报告必须是准确、可靠和相关的，以便各方能够依赖这些信息做出决策。信息质量受到会计准则、会计政策和审计程序的影响。高质量的财务信息对于市场的透明度和投资者的信任至关重要。财务会计还依赖于一系列会计准则和原则，这些准则规定了如何处理、报告和披露财务信息。这些准则通常由会计标准委员会或监管机构颁布，并根据不同国家的法规和标准进行调整。会计准则的目的是确保财务信息的一致性和可比性，从而使各方能够更好地理解和分析企业的财务状况。

审计是财务会计不可或缺的一部分。审计是对企业财务报表的独立验证和审查过程，旨在确定报表是否符合会计准则和法律法规的要求。审计师的角色是评估会计信息的真实性和合法性，以增强报表的可信度，这对投资者和其他利益相关者来说至关重要。财务会计涉及多个基本概念，包括会计方程、会计周期、会计报告、财务信息质量、会计准则和审计。这些概念构成了财务会计的基础，它们共同为外部利益相关者提供了关于企业财务状况和业绩的重要信息，以支持他们的决策和投资。财务会计的目标是为经济体系提供稳定、可靠的财务信息，从而促进资本市场的有效运作。

（一）财务会计的定义

财务会计是一系列会计程序，其主要任务是记录、整合和呈现一个实体（通常是企业或组织）的财务交易和经济活动。这个过程不仅仅是简单的数据记录，还通过遵循严格的会计原则和准则来确保信息的准确性和可靠性。这一复杂的过程旨在向内部和外部的各种利益相关者提供关于实体财务状况和经营绩效的全面信息。这些利益相关者包括：股东，他们是企业的业主，债权人，他们提供了企业所需的资金；政府，他们需要了解税收和监管方面的信息；以及投资者，他们希望做出明智的投资决策。

在财务会计过程中，财务交易和经济活动被记录在不同的会计账户中，这些账户包括资产、负债、所有者权益、收入和费用等。这些账户的变化反映了企业在特定时间段内的财务状况和业绩。财务会计还涉及编制财务报表，这些报表是一种信息传达工具，用于展示企业的财务状况和业绩。主要的财务报表包括资产负债表、损益表和现金流量表。资产负债表显示了企业在特定时间点的资产、负债和所有者权益，损益表反映了企业在一定时间内的收入和费用，现金流量表展示了企业现金的流入和流出。

这些财务报表必须遵循会计准则和原则，以确保信息的一致性和可比性。财务会计还需要经过审计，这是一个独立的验证过程，用于确定财务报表的准确性和合规性。审计由专业的审计师进行，他们评估企业的会计记录和报表，以确保它们符合相关法规和标准。财务会计是一个复杂的系统化过程，旨在记录、整合和报告企业的财务交易和经济活动。它的目标是为内部和外部的各种利益相关者提供有关企业财务状况和经营绩效的准确和可靠的信息，以支持他们的决策和投资。财务会计不仅对是数字的记录，更是对企业经济健康状况的全面反映。

（二）会计周期

会计周期是财务会计过程中的时间框架，通常以年度为单位，用于编制财务报表和报告企业的财务状况和业绩。会计周期通常分为年度、季度和月度。年度是最基本的会计周期，它代表了一整年的时间段，通常从一月初开始，到次年的十二月底结束。企业的年度财务报表包括资产负债表、损益表和现金流量表，用于总结和展示整个年度的经济活动和财务状况。年度报表是外部投资者、股东和监管机构评估企业绩效和健康状况的主要依据之一。

季度是较短的会计周期，通常将一年分为四个季度，即第一季度、第二季度、第三季度和第四季度。每个季度包括三个月的时间。企业通常在每个季度结束后编制季度财务报表，以提供更频繁的财务信息更新。这些季度报表通常包括损益表和部分现金流量信息，以便投资者和管理层可以更及时地了解企业的经营情况。月度是最短的会计周期，将一年分为十二个月。企业通常在每个月结束后编制月度财务报表，包括月度损益表和现金流量信息。月度报表有助于管理层更加密切地监测企业的经济活动，并采取适当的措施来调整业务战略，月度报表还有助于检测季度和年度趋势，以及及时发现潜在的财务问题。

会计周期是财务会计中的时间单位，用于编制财务报表和报告企业的财务状况和业绩。年度、季度和月度是常见的会计周期，每个周期都有不同的报表要求和信息更新频率，以满足不同层面的财务信息需求。这些不同的会计周期共同构成了企业财务报告的时间框架，有助于投资者、管理层和监管机构更好地理解和评估企业的财务健康状况。

（三）会计原则和准则

财务会计是一个涉及大量数据和信息的复杂领域，为了确保财务报表的准确性和可比性，它遵循一系列重要的会计原则和准则。这些原则和准则不仅是财务会计的基石，也是保证企业财务信息的可信度和一致性的关键。权责发生制是财务会计的关键原则之一。它要求收入和费用在实际发生时被记录，而不是在现金流动发生时。这意味着企业应该在业务交易发生时反映它们，而不是在资金实际收到或支付时。这有助于确保财务报表反映了企业的真实经济活动，而不仅仅是现金流量。

历史成本原则是另一个重要的原则。根据这一原则，企业应该使用购买或获得资产和负债时的实际成本来记录它们，而不是根据市场价值或其他评估方法来估值。这有助于保持财务报表的可比性，因为不同企业可能采用不同的估值方法，但历史成本是一个普遍适用的标准。

谨慎性原则是财务会计中的另一个关键概念。根据这一原则，企业应该谨慎地估计未来的损失，并在财务报表中予以反映。这有助于避免过于乐观的估计，确保财务报表不会过于夸大企业的财务状况，谨慎性原则有助于提高财务报表的可靠性和透明度。

完整性原则要求财务报表包括所有重要的信息和细节，以便用户能够获得全面的理解。这包括附注和其他附加信息，以便提供背景和上下文，使财务报表更具信息价值。

一致性原则强调了财务报表的一致性和连续性。这意味着企业应该在会计政策和估计方法上保持一致，以便用户可以比较不同会计期间的财务信息。一致性原则有助于确保财务报表的可比性和连续性。

财务会计遵循一系列重要的会计原则和准则，包括权责发生制、历史成本原则、谨慎性原则、完整性原则和一致性原则，以确保财务报表的准确性和可比性。这些原则和准则是财务会计的基础，为用户提供了可信赖的财务信息，帮助他们做出明智的决策。

二、会计主体和会计要素

会计主体是会计信息的记录者和生成者，通常是组织或个人。会计主体的种类多种多样，包括企业、政府机构、非营利组织以及个人。这些主体都需要会计来记录和报告他们的经济活动。会计主体在会计信息的记录和生成过程中扮演着重要的角色。他们负责收集和整理与其经济活动相关的数据，包括交易金额、日期、相关方信息等。他们使用会计原则和准则来处理这些数据，确保它们按照一定的规范进行记录和报告。会计主体还负责编制财务报表，如资产负债表、损益表和现金流量表，以反映其财务状况和经营绩效。会计主体还需要确保财务信息的准确性和可靠性，以满足内部管理和外部利益相关者的需求。

与会计主体密切相关的是会计要素。会计要素是会计信息的构成要素，它们是构建财务报表的基础。主要的会计要素包括资产、负债、所有者权益、收入和费用。

资产是会计的一个重要要素。资产包括企业拥有的具有经济价值的资源，如现金、应收账款、存货、房地产等。资产是企业的资源库存，反映了企业的财务实力和资源的利用情况。

负债也是会计的一个关键要素。负债代表了企业对外部债权人的经济责任，包括应付账款、借款、未清税项等。负债反映了企业的债务水平和偿债能力。

所有者权益是会计要素中的重要部分。所有者权益代表了企业的所有者对企业的经济权益，包括普通股、优先股、留存盈余等。所有者权益反映了企业的净资产和所有者的投资。

收入和费用也是会计要素的组成部分。收入是企业从经营活动中获得的经济利益，如销售收入、租金收入等。费用是企业为开展经营活动而发生的成本，如人工成本、材料成本、运营费用等。收入和费用的正确记录和报告对于准确反映企业的盈利能力至关重要。

会计主体和会计要素是会计体系的核心组成部分。会计主体负责记录和生成会计信息，而会计要素构成了财务报表的基础。通过正确应用会计要素，会计主体可以提供准确、可靠的财务信息，满足内部和外部的信息需求，帮助决策制定和风险评估。会计主体和会计要素的相互作用形成了现代会计体系的基础，为企业的经济活动提供了必要的记录和信息支持。

（一）会计主体

会计主体是指参与会计活动的实体，通常是企业或组织。这些实体在经济生活中扮演着重要的角色，因为它们涉及各种财务交易和经济活动，需要对这些活动进行记录和报告，以确保财务信息的准确性和透明度。会计主体的责任包括记录和报告其财务交易和经济活动。这包括监测资产和负债的变化，记录收入和费用的情况，以及维护会计方程的平衡，确保资产等于负债加权益。会计主体必须遵守一系列会计准则和原则，以确保财务信息的一致性和可比性。财务报告是会计主体的一项重要职责，它们提供了有关企业财务状况和业绩的重要信息。这些报告通常包括资产负债表、损益表和现金流量表,它们在特定时间段内反映了企业的财务情况,对内部管理决策和外部投资决策都具有重要意义。

会计主体还需要履行税务和法律方面的责任,确保企业遵守适用的税收法规和法律规定。这包括报告所得税和其他税收义务,以及遵守劳工法律和环境法规等方面的责任。会计主体的财务信息通常需要经过审计,这是一个独立的验证过程,用于确定财务报告的准确性和合规性。审计师会对会计记录和报表进行审查,以确保它们符合会计准则和法规。会计主体是企业或组织,在会计活动中承担了重要的责任,包括记录和报告财务交易和经济活动,制定财务报告,遵守税收和法律法规,以及接受审计的验证。这些责任对于维护财务信息的准确性和透明度以及支持内部和外部决策都至关重要。通过履行这些责任,会计主体能够为企业的稳健经营和可持续发展提供坚实的财务基础。

(二)资产、负债和所有者权益

资产、负债和所有者权益是财务会计的三个主要会计要素。资产代表着企业所拥有的各种资源,包括现金、设备、房产和存货等。负债则代表了企业所欠他人的各种债务,如借款、应付账款和未清税款等。所有者权益是企业的所有者对资产的权益,也就是企业净资产的部分,它包括普通股、优先股、留存盈余等。资产等于负债加上所有者权益,这是财务会计的基本会计等式。反映了企业的基本财务平衡原则,表明了企业资产的来源,即来自债务和所有者的投资,这个等式在财务报表编制和分析中扮演着关键的角色,用于确保财务信息的一致性和准确性。

具体来说,这个等式有助于企业核对其财务报表的准确性。企业必须确保资产的价值等于负债和所有者权益的总和,以保持财务报表的平衡。如果这个等式不平衡,就意味着存在错误或遗漏,需要进一步审查和调整财务信息。这个等式还有助于外部投资者理解企业的财务结构。投资者可以使用这个等式来分析企业的资产负债情况和所有者权益的组成,以评估其财务健康状况和风险。这个等式还为企业管理层提供了有关企业的资金来源和用途的重要信息,有助于制定财务战略和决策。资产等于负债加上所有者权益是财务会计的基本会计等式,它反映了企业的财务平衡原则。这个等式有助于确保财务信息的准确性,帮助外部投资者评估企业的财务状况,同时也为企业管理层提供了重要的财务信息，用于决策制定和战略规划。这个等式是财务会计理论和实践的核心基础之一。

（三）收入和费用

在财务会计中，收入和费用是两个关键的会计概念，它们对反映企业的经济状况和绩效至关重要。收入代表企业从经营活动中获得的经济利益，而费用则表示在经营活动中发生的成本。收入不仅仅是指现金流入企业的情况，它包括所有企业为其产品或服务提供给客户而产生的经济利益。这意味着即使现金尚未收到，但在权责发生制下，收入也应在交易发生时确认。这有助于确保财务报表反映了企业实际的销售和收入情况，而不仅仅是与现金流有关的交易。

费用则是指企业为生产或提供产品或服务而发生的成本，包括薪酬、原材料、租金和折旧等。费用也应在权责发生制下确认，即在与其相关的经济活动发生时，而不是在支付费用的实际日期。这有助于确保财务报表准确反映企业在特定会计期间内的经济成本。权责发生制的核心理念是在经济活动实际发生时确认收入和费用，而不是在与现金流相关的时间点。这是为了反映企业的真实经济活动，避免将现金流与收入和费用的发生混淆。这也有助于提高财务报表的可靠性和信息价值，因为它们能够更准确地反映企业的经营状况。

权责发生制有助于提高财务报表的一致性和可比性，因为它使不同企业能够在相似的经济条件下报告其财务信息，而不受现金支付时间的影响。这使投资者和其他利益相关者能够更好地比较不同企业的财务表现。权责发生制是财务会计中的关键概念，它要求企业在经济活动实际发生时确认收入和费用，以反映真实的经济状况和绩效。这有助于提高财务报表的可靠性、一致性和可比性，使其成为决策者和利益相关者了解企业经济状况的重要工具。

三、会计报表和财务报告

会计报表和财务报告是企业经济活动的记录和展示工具，它们承载了公司的财务信息以及经济状况的全貌。这两者之间关系密切，但又有一些不同之处，需要我们深入了解。会计报表通常包括资产负债表、损益表和现金流量表。资产负债表列出了企业的资产和负债，用于展示企业的财务状况，反映了其资产与负债之间的平衡。损益表显示了企业在一定期间内的营业收入、费用和利润，用于展示企业的盈利能力。现金流量表则记录了企业在特定时间段内的现金流入和流出，帮助企业管理现金流动性。

与之不同的是，财务报告更广泛，包括会计报表，还包括管理层讨论和分析、附注和审计报告等内容。管理层通过讨论和分析为企业经营状况提供解释和评估，使投资者和利益相关者能够更好地理解财务数据背后的故事。附注则提供关于财务报表中数字的详细解释和背景信息，帮助用户更深入地了解企业的财务状况。审计报告由独立审计师编制，确认了财务报表的可信度和准确性，为投资者提供了额外的保证。

另一个重要的区别是目标受众的不同。会计报表主要是为内部管理和外部投资者准备的，以便他们能够了解企业的财务状况和经营绩效。财务报告则更广泛地面向各种利益相关者，包括政府监管机构、供应商、客户、员工和社会大众。它们提供的信息更全面，以满足各种不同方面的需求。会计报表是财务报告的核心组成部分，是财务报告的基础。财务报告是一个更广泛、更综合的概念，涵盖了包括会计报表在内的多种元素。它们共同构成了企业的财务信息生态系统，帮助各类用户对企业财务状况进行全面认识。会计报表和财务报告在记录和传达企业财务信息方面起着重要作用。会计报表提供了核心的财务数据，而财务报告则将这些数据与其他信息相结合，以满足各种不同利益相关者的需求。它们是企业透明度和财务透明度的关键组成部分，有助于确保企业的经济状况能够公开、清晰地展示给外部世界。

（一）财务报表的类型

财务报表是财务会计的主要产物，它们是企业财务信息的关键呈现方式，通常包括资产负债表、损益表、现金流量表和股东权益变动表。这些报表一起构成了一个全面的财务信息体系，为内部和外部利益相关者提供了深入了解企业财务状况和经营表现的详细信息。资产负债表是财务报表的核心之一。它提供了企业在特定时间点的财务快照，显示了资产（如现金、存货、不动产等）和负债（如债务、应付账款等）的情况，以及所有者权益的部分。资产负债表反映了企业的净资产，即总资产减去总负债，是一个重要的财务指标，用于衡量企业的偿债能力和财务稳定性。损益表提供了企业在一定时间内的收入和费用情况。它列出了销售收入、成本、营业费用、利润等项目，用于计算净利润（或净亏损）。损益表是衡量企业盈利能力的关键工具，它展示了企业在经营活动中的盈亏状况，为投资者和管理层提供了重要的决策依据。

现金流量表追踪了企业现金的流入和流出情况。它将现金活动划分为经营、投资和筹资活动，并提供了一个全面的财务现金流动情况。现金流量表有助于了解企业的现金管理能力，确保企业具备足够的现金流以满足日常运营需求和投资计划。股东权益变动表展示了股东权益的变化情况。它包括了股东投入的资本、盈余积累、股票发行和股息支付等项目。股东权益变动表帮助股东了解他们的投资如何增长或减少，以及企业如何分配利润。这些财务报表共同提供了关于企业财务状况和业绩的全面、详细的信息，帮助内部管理层制定战略计划和决策，同时也为外部利益相关者，如投资者、债权人、监管机构等提供了可靠的依据，以评估企业的财务稳健性和经营表现。财务报表的准确和透明对于维护市场信心和支持经济运行至关重要。因此，它们是财务会计不可或缺的一部分，有助于实现财务信息的准确、可靠和可比性。

（二）财务报表分析

财务报表分析是一项关键的财务管理和决策支持活动，旨在深入解释和评估财务报表中包含的信息，以便帮助各类利益相关者更全面地了解企业的财务健康和经营绩效。这个过程包括多种方法和工具，如比较不同期间的财务报表、计算财务比率、分析趋势和进行对标分析等。财务报表分析涉及对不同期间的财务报表进行比较。通常包括对比两个或多个年度的财务报表，以检测财务状况和经营绩效的变化。通过比较财务报表，分析人员可以识别出可能存在问题的领域，例如收入下降或成本上升，从而有助于制定针对性的改进策略。计算财务比率也是财务报表分析的关键步骤之一。财务比率是通过将不同财务项相互比较来衡量企业的财务绩效和健康状况的工具。这些比率包括利润率、偿债能力、流动性和盈利能力等。通过计算这些比率，分析人员可以更深入地了解企业的财务情况，评估其盈利能力和风险水平。

趋势分析也是财务报表分析的重要组成部分。趋势分析涉及对财务数据的历史变化进行研究，以便识别出可能的趋势和模式。通过分析这些趋势，分析人员可以预测未来的财务表现，并提前制定适当的战略和计划。对标分析也是财务报表分析的常见方法之一。这种分析涉及将企业的财务表现与同行竞争对手或行业标准进行比较。通过与其他企业比较，分析人员可以确定企业在市场上的相对地位，并识别出可能需要改进的领域。财务报表分析是一项复杂而关键的活动，旨在提供有关企业财务健康和经营绩效的深入洞察。这个过程涉及多种方法和工具，包括比较、财务比率、趋势分析和对标分析，它们共同帮助利益相关者更全面地了解企业的财务情况，从而支持决策制定、风险评估和战略规划。财务报表分析在企业管理和投资决策中发挥着至关重要的作用。

（三）财务报告的目的

财务报告的主要目的在于向内部和外部利益相关者提供详尽的、可信的信息，以帮助他们全面了解企业的财务状况和经营绩效，从而做出明智的决策。财务报告还扮演着确保企业遵守法律法规和会计准则的重要角色。对内部管理层而言，财务报告提供了对企业运营状况的关键见解。通过分析财务报表，管理层能够评估企业的盈利能力、流动性、偿债能力以及其他关键财务指标，这有助于他们制定战略决策、预算和计划，以实现公司的长期目标。财务报告还为内部管理层提供了对内部控制和风险管理的反馈，帮助他们改进企业的运营和财务管理。

对于外部利益相关者，如投资者、债权人、供应商、客户和监管机构，财务报告提供了企业的财务健康状况的透明度。投资者可以使用这些信息来做出投资决策，评估企业的价值和潜在风险。债权人可以了解企业的债务水平和偿债能力。供应商和客户可以评估企业的稳定性和信誉，从而决定是否继续与之合作。监管机构使用财务报告来确保企业遵守法律法规和会计准则，以保护公众和市场的利益。财务报告还在税务方面起到重要作用。税务机关使用财务报表来确定企业的应纳税额，因此财务报告的准确性对遵守税收法规至关重要。

财务报告也有助于提高企业的透明度和诚信度。透明的财务报告表明企业对其财务信息的公开和透明感兴趣，这有助于建立信任，提高企业的声誉。财务报告不仅是为了满足内部和外部利益相关者的信息需求，还在确保企业合法合规运营方面发挥了关键作用。它是促进金融市场稳定、保护投资者权益和推动企业经济活动的关键工具。

第二节　财务会计基本理论与应用领域

财务会计基本理论是财务管理体系的基石，它扮演着至关重要的角色。它不仅在企业内部的决策制定中发挥着重要作用，也在外部投资者、政府监管机构以及其他利益相关者之间的信息传递中扮演着关键角色。财务会计基本理论为企业提供了一种标准的记账和报告体系，以记录和反映其经济活动。这个体系的核心概念包括资产、负债、所有者权益、收入和费用。通过对这些概念的准确应用，企业可以编制财务报表，如资产负债表、损益表和现金流量表，从而全面准确地反映其财务状况和经营绩效。

财务会计基本理论为外部投资者提供了有关企业的重要信息。股东、债权人和潜在投资者依赖于企业的财务报表来评估其投资风险和回报潜力。财务报表的透明度和可比性是吸引投资的关键因素之一，这些报表的准确性和一致性是基于财务会计基本理论的原则和准则来确定的。财务会计基本理论还在税收申报和合规性方面发挥着重要作用。企业需要根据财务会计原则编制财务报表，以便满足税法和监管要求。这些报表不仅用于计算税收，还用于评估合规性和法律责任，因此它们必须准确无误地反映企业的财务状况。

财务会计基本理论对企业内部的决策制定也至关重要。管理层需要依赖财务信息来评估企业的绩效，并制定战略和战术决策。财务报表可以帮助管理层识别问题领域，优化资源分配，并评估不同决策的潜在财务影响。财务会计基本理论还为绩效评估和激励体系提供了依据，以确保员工和管理层的利益与企业整体目标保持一致。财务会计基本理论不仅为企业提供了有效的财务管理工具，还为外部投资者、政府监管机构和内部管理层提供了重要的信息基础。它的应用领域广泛，对维护市场透明度、投资者信心和企业长期可持续发展都具有关键性意义。财务会计基本理论的不断发展和演进将继续影响着现代企业和金融市场。

一、财务会计的基本理论

财务会计的基本理论是财务会计领域的理论框架，用于解释和指导财务会计实践。这些理论提供了财务会计活动的理论基础，有助于确保财务信息的准确性、可靠性和可比性，以支持内外部决策。财务会计的基本理论包括会计方程、会计周期、会计准则、会计信息质量和审计等内容。会计方程是财务会计理论的核心。这一理论表明，资产等于负债加所有者权益。资产代表了企业拥有的资源，负债代表了企业对外部实体的债务和义务，所有者权益则代表所有者对企业的投资。会计方程要求在每一笔交易中保持平衡，以确保财务数据的准确性和一致性。

会计周期是财务会计理论的关键要素之一。企业通常将财务活动划分为特定的时间周期，如年度或季度，以便更好地组织、记录和报告财务信息。会计周期有助于确保财务信息的及时性和连续性，使内外部利益相关者能够了解企业在不同时间段内的财务状况和业绩。会计准则是另一个财务会计的基本理论。它们规定了如何处理、记录和报告财务信息。会计准则通常由会计标准委员会或监管机构颁布，并在国际会计准则体系下进行调整。这些准则的目的是确保财务信息的一致性和可比性，以使不同企业和行业之间的财务数据可互相比较。

高质量的会计信息应该是准确的、可靠的、相关的和可理解的。准确性意味着信息反映了真实的经济事实，可靠性表示信息是可信赖的，相关性意味着信息对决策有价值，可理解性表示信息应该以清晰和简单的方式呈现，以便各方能够理解和使用。审计是财务会计理论的重要组成部分。审计是对企业财务报表的独立验证和审查过程，旨在确定报表是否符合会计准则和法律法规的要求。审计师的任务是评估财务报表的真实性和合规性，以增强财务信息的可信度和可靠性。财务会计的基本理论包括会计方程、会计周期、会计准则、会计信息质量和审计。这些理论提供了财务会计实践的理论基础，有助于确保财务信息的准确性和可靠性，从而支持内外部决策。这些理论为财务会计提供了坚实的框架，确保了财务信息的一致性和可比性，为市场透明度和投资者信任提供了重要的支持。

（一）会计基本假设

财务会计的基本理论构建在一系列关键的会计基本假设之上，这些假设为财务报表的编制提供了坚实的框架。这些基本假设在确保会计信息的一致性和可比性方面发挥着关键作用。其中包括权责发生制、历史成本原则、货币计量原则等。权责发生制是一个核心的会计基本假设。它规定了会计交易应该在经济事项发生时被记录，而不是在现金流入或流出时。这意味着财务报表反映了企业在会计期间内的经济活动，而不管款项是否已经实际交付。权责发生制有助于确保财务信息的时效性和准确性，因为它关注的是经济事件的发生，而不仅仅是资金的流动。

历史成本原则是另一个重要的基本假设。按照这一原则，资产和负债应该以它们在购入或获得时的历史成本记录，而不是按照当前市场价值计量。这意味着资产的价值在财务报表上保持不变，直到它们被出售或减值。历史成本原则采用统一的计量方法，使不同企业和时期之间的数据具有可比性，有助于维持财务信息的可比性。货币计量原则也是会计的一个基本假设。它要求财务报表中的所有金额必须以共同货币计量，通常用国家货币表示。这意味着企业的经济活动需要用货币来度量，以便进行记录和报告。货币计量原则确保了财务信息的统一性，因为它使用相同的货币单位来表达不同的经济事项。

这些基本假设共同构成了财务会计的理论基础，为会计提供了相同的框架，使会计信息能够具有一致性和可比性。这些假设在财务报表编制和审计中起着关键作用，确保了会计信息的准确性和可靠性。财务会计的基本理论通过这些基本假设为企业、投资者、监管机构等提供了有关企业财务状况和业绩的重要信息，从而支持了经济体系的运作和决策制定。

（二）会计信息质量特征

财务会计信息应具备一定的质量特征，以确保其有效性和有用性，从而满足各种利益相关者的信息需求。这些质量特征包括可靠性、可比性、可理解性和相关性等，它们在财务报告中起着关键作用。

1. 可靠性

可靠性意味着信息应当是真实的、准确的，并反映了实际的经济交易和事件。只有在信息的来源可靠、数据的记录准确时，才能产生可靠的财务报表。可靠的信息有助于投资者、债权人和其他利益相关者做出明智的决策。

2. 可比性

财务会计信息应当具有一致性原则，以便不同企业、不同期间的信息之间进行比较。这意味着财务报表的编制和披露应当遵循一致的会计准则和规范，以便各种利益相关者可以更容易地进行横向和纵向的比较分析。

3. 可理解性

财务会计信息应当以清晰和易懂的方式呈现，以确保各种利益相关者都能够理解其含义和内容。这包括使用清晰的财务报表格式、术语和注释，以便不仅会计专业人士，还包括非会计专业人士能够理解报表中的信息。

4. 相关性

信息应当与决策问题直接相关，并能满足各种利益相关者的特定需求。相关性要求信息能及时、全面地反映企业的经济活动，以便利益相关者可以做出有关企业财务状况和业绩的明智决策。

财务会计信息的质量特征是确保财务报表的有效性和有用性的关键要素。可靠性确保信息的真实性和准确性，可比性允许信息之间的比较分析，可理解性保证信息易于理解，相关性使信息与决策问题直接相关。这些特征共同确保了财务会计信息在支持管理决策、投资决策和监管等方面的有效性，对维护市场透明度和信任关系至关重要。

（三）会计周期

会计周期是财务会计的一个基本理论概念，涉及会计报告的时间间隔，通常以年度为基础。它在财务会计中扮演着关键角色，有助于企业按照一定的时间框架编制财务报表，并将财务信息分享给各类利益相关者，促进透明度和决策的有效性。会计周期的基础是年度报告。年度报告是企业每年编制的一套财务报表，通常包括资产负债表、损益表和现金流量表。这个年度时间框架允许企业汇总和总结其财务信息，以便更清晰地呈现财务状况和业绩。年度报告要求企业披露重要的会计政策和估计方法，使利益相关者能够更准确地理解企业的会计做法。会计周期的稳定性和一致性对于信息可比性至关重要。企业和投资者可以依赖于年度报告，因为它们遵循一致的时间框架。这有助于比较不同会计期间的财务信息，评估企业的长期趋势和绩效表现。一致的会计周期还有助于监管机构监督企业的财务报告，确保其合规性和准确性。

会计周期还对企业内部的财务管理产生影响。它为企业提供了时间框架，用于制定预算、计划和战略决策。企业可以通过比较不同会计期间的财务数据来评估其经营绩效，发现问题并采取纠正措施。会计周期对外部利益相关者，如投资者、债权人和监管机构，具有重要意义。投资者依赖年度报告来评估其投资的回报和风险。债权人依赖年度报告来评估企业的信用风险和偿债能力。监管机构使用年度报告来监督企业的合规性，确保其遵守法律法规和会计准则。会计周期作为财务会计的核心概念，有助于企业按照一定的时间框架编制财务报表，使财务信息在各种利益相关者之间共享和理解更为高效。它确保了财务信息的稳定性、一致性和可比性，促进了财务信息的透明度和有效决策制定。同时，会计周期也为企业内部的财务管理提供了重要的时间结构，有助于监督和改进经营绩效。

二、财务会计的应用领域

财务会计是一门关键的会计学科，广泛应用于各个领域，为管理者、投资者、政府机构和其他利益相关者提供了关于一个实体（通常是企业或组织）财务状况和经济绩效的重要信息。财务会计为企业管理提供了决策支持的关键信息。管理层依赖财务报表来评估企业的经营绩效，制定战略决策，并优化资源分配。通过分析财务报表，管理者可以了解企业的盈利能力、资产利用情况和财务稳健性，从而制定合适的经营策略。

投资者使用财务会计信息来评估潜在投资机会。股东、债权人和潜在投资者依赖于财务报表来了解企业的财务状况和盈利潜力。这有助于他们决定是否购买或持有股票、债券或其他投资工具。政府机构使用财务会计信息来确定企业应缴纳的税款。企业需要根据财务会计原则编制财务报表，以便满足税法和监管要求。这些报表不仅用于计算税收，还用于评估合规性和法律责任，因此它们必须准确无误地反映企业的财务状况。财务会计有助于企业识别和管理财务风险。通过分析财务数据，企业可以识别潜在的风险因素，如流动性问题、债务水平和盈利不稳定性。这有助于企业采取适当的措施来降低风险，维护财务稳健性。

企业需要向外部利益相关者，如股东、债权人、供应商和客户，提供财务报表。这些报表用于传达企业的财务状况和经济绩效，维护市场透明度，建立信任关系，促进商业合作。企业需要财务会计信息来支持融资决策。银行和其他金融机构通常要求企业提供财务报表，以评估其信用风险，并决定是否提供贷款或信贷额度。财务会计在各个领域都具有广泛的应用，为各种利益相关者提供了重要的财务信息。它不仅为企业管理提供了决策支持，还支持投资决策、税务申报、风险管理、外部报告、融资决策等多个领域的需求，对维护市场透明度、促进合规性和支持经济发展发挥着至关重要的作用。

（一）财务报表编制

财务会计在企业和组织的运营中具有至关重要的地位，其中一个主要应用领域就是财务报表的编制。包括资产负债表、损益表、现金流量表和股东权益变动表，它们扮演着揭示企业财务状况和业绩的关键角色，并用于向内部和外部利益相关者传达信息。资产负债表是财务报表中的核心之一。它提供了企业在特定时间点的财务快照，明确列出了企业的资产、负债和所有者权益。资产包括现金、应收账款、存货、不动产等，负债包括应付账款、债务和其他负债，而所有者权益则反映了企业的净资产。资产负债表帮助内外部利益相关者了解企业的财务状况，包括企业的资产价值、债务水平和净值。

损益表是财务报表中另一个重要的组成部分。它展示了企业在一定时间内的收入和费用情况，用于计算净利润（或净亏损）。损益表列出了销售收入、成本、营业费用和其他相关项目，这有助于了解企业的盈利能力和经营效益。损益表的信息对于投资者、管理层和监管机构等各方决策具有重要意义。现金流量表是用来追踪企业现金流动情况的财务报表。它分析了现金的流入和流出，分为经营、投资和筹资活动。现金流量表提供了企业资金管理的关键信息，帮助确保企业具备足够的现金流以满足日常运营需求，支持投资和偿还债务。

股东权益变动表展示了股东权益的变化情况。它包括股东投入的资本、盈余积累、股票发行和股息支付等项目。股东权益变动表帮助股东了解他们的投资如何增长或减少，以及企业如何分配利润。这些财务报表不仅对内部管理决策至关重要，还对外部投资者、债权人、监管机构等利益相关者具有重要价值。它们提供企业财务状况和业绩的全面、透明的视图，有助于支持各方做出明智的经济决策。因此，财务报表编制是财务会计的关键应用领域之一，为维护市场透明度和投资者信任提供了关键支持。

（二）财务分析

财务分析是一项关键的企业管理和决策支持活动，通过利用财务报表和会计数据，全面评估企业的财务状况和经营业绩。这个过程包括多种方法和工具，如比较不同期间的财务数据、计算财务比率、进行趋势分析以及评估业务绩效等。财务分析包括对比不同期间的财务数据。这通常包括比较两个或多个会计期间的财务报表，如比较年度报表、季度报表或月度报表。通过对比，分析人员可以识别出财务状况的变化趋势，例如收入增长或减少、成本的波动等，有助于确定问题和机会。

计算财务比率也是财务分析的核心步骤之一。财务比率是通过将不同财务项目相互比较来衡量企业的财务绩效和健康状况的工具。包括盈利能力比率、偿债能力比率、流动性比率等。通过计算这些比率，分析人员可以更深入地了解企业的财务情况，评估其经营能力和风险水平。趋势分析也是财务分析的重要组成部分。趋势分析涉及对财务数据的历史变化进行研究，以便识别出可能的趋势和模式。通过分析这些趋势，分析人员可以预测未来的财务表现，帮助企业制定战略规划和决策。

业务绩效评估也是财务分析的一项重要任务。通过分析财务数据，分析人员可以评估企业在市场上的竞争地位，确定其盈利能力和市场份额。这有助于企业管理层制定战略计划，优化资源配置，提高业务绩效。财务分析是一个综合性的过程，通过多种方法和工具评估企业的财务状况和业绩。通过对比不同期间的财务数据、计算财务比率、进行趋势分析和评估业务绩效，财务分析为企业管理提供了重要的决策支持和战略指导，有助于提高经济活动的透明度和效率。这一过程对投资者、管理层、债权人和其他利益相关者都至关重要，有助于更全面地了解企业的财务情况，做出正确的决策。

（三）决策支持

财务会计信息对企业的决策制定起着至关重要的作用。这些信息包括财务报表、会计数据和财务指标，为管理层提供了有关企业财务状况和绩效的关键见解，从而支持各种管理决策的制定。财务报表是企业财务状况的核心反映。管理层可以通过审阅资产负债表、损益表和现金流量表来了解企业的财务健康状况。这有助于他们评估企业的盈利能力、偿债能力和流动性状况。基于这些信息，管理层可以制定预算，确保企业的开支与收入相匹配，从而维持财务稳健。会计数据提供了企业经营活动的详细记录。管理层可以通过会计数据追踪和分析各项费用、收入和利润的来源。这有助于他们识别潜在的成本节约机会，制定成本控制策略，并提高经营效率。会计数据还可以帮助管理层了解产品或服务的盈利能力，以便优化产品组合和价格策略。

　　财务指标如利润率、资本回报率、偿债比率等提供了有关企业绩效的量化度量。管理层可以使用这些指标来比较不同时间段的绩效，评估项目的投资可行性，制定增长战略，或者做出有关资本结构的决策。这些指标使管理层能够更全面地了解企业的竞争地位和市场表现。财务会计信息还支持战略计划的制定。管理层可以根据财务信息来评估市场机会、竞争对手和风险因素，制定长期战略计划。包括扩张计划、产品创新策略、市场定位和并购决策等。财务信息有助于确定资源分配和资本投资的优先级，以实现企业的长期目标。财务会计信息在企业的各个层面都起着关键作用，支持管理层制定各种决策。这些信息提供了关于财务状况、经营绩效和市场机会的关键见解，有助管理层制定预算、战略计划、项目投资决策等。财务会计信息的准确性和及时性对于确保决策的可信度和成功执行至关重要，因此财务会计在企业决策制定过程中扮演着不可或缺的角色。

三、国际财务报告准则(IFRS)和美国通用会计准则(GAAP)

　　国际财务报告准则和美国通用会计准则是两种不同的会计标准体系，它们在全球范围内对企业的财务报告产生深远影响。国际财务报告准则是由国际会计准则理事会颁布的一套国际性会计准则，旨在提供全球一致的会计标准，以促进不同国家和地区之间的财务报告可比性。国际财务报告准则采用更多的原则性方法，允许企业对财务报告中进行更多的专业判断。与之不同美国通用会计准则是美国的会计准则体系，由美国财务会计准则委员会制定和管理。美国通用会计准则更倾向于具体规则和条款，提供了更多的指导和细节规定。

　　虽然国际财务报告准则和美国通用会计准则有不同之处，但它们也有一些共同点。例如，它们都要求企业编制资产负债表、损益表和现金流量表，并提供相关附注和审计报告。它们都强调财务报告的真实和公允性，并要求企业披露重要的会计政策和估计方法。国际财务报告准则和美国通用会计准则之间的主要区别在于具体规则和原则之间的平衡。在收入识别、资产估值和商誉计量等方面存在显著差异。例如，在国际财务报告准则中，商誉的计量要求进行年度测试，而在美国通用会计准则中，商誉仅在需要时进行减值测试。在租赁会计方面，国际财务报告准则和美国通用会计准则采用不同的模型，导致租赁合同的会计处理有所不同。

对国际企业而言，国际财务报告准则通常更具吸引力，因为它们有助于降低国际业务的会计复杂性，提高全球一致性。在某些国家，如欧盟成员国，国际财务报告准则是强制性的。然而，在美国，尽管美国的多国际公司也可能需要遵守国际财务报告准则，但美国通用会计准则仍然是主要的会计准则。国际财务报告准则和美国通用会计准则代表了两种不同的会计标准体系，它们在全球范围内影响着企业的财务报告。理解它们之间的差异对于国际企业和跨境投资者至关重要，因为它们必须适应不同的会计要求和实践。这两种体系都旨在确保财务报告的可信度和透明度，以帮助利益相关者做出明智的决策。

（一）国际财务报告准则

国际财务报告准则（International Financial Reporting Standards，简称IFRS）是一套在国际范围内广泛接受的财务报告标准，用于规范企业编制和披露财务报表。国际财务报告准则的主要目标是确保财务报表的一致性和可比性，从而促进国际比较和投资。国际财务报告准则的广泛应用使得来自不同国家和地区的企业能够采用相同的会计原则和规则来编制财务报表。这有助于降低跨国投资的风险，提高投资者对全球市场的信心。无论是投资者、分析师、监管机构还是企业自身，都能够更容易地理解和比较不同企业和国家的财务信息。国际财务报告准则的实施还有助于改善全球金融体系的透明度和稳定性。通过提供一致的会计标准，国际财务报告准则有助于识别潜在的财务风险，防止金融危机的发生。它还促使企业更加谨慎地管理财务信息，降低虚报和欺诈的风险。

国际财务报告准则还有助于提高全球市场的效率。它允许投资者更容易地比较不同企业的财务绩效，从而更明智地分配资金。这有助于优化资源配置，促进经济增长和发展。国际财务报告准则的目标是提供一致的会计标准，以促进国际比较和投资。它通过规范财务报表的编制和披露，提高了全球金融体系的透明度和稳定性，同时也提高了全球市场的效率。国际财务报告准则的应用在全球范围内得到广泛认可，对推动全球经济合作和发展发挥了关键作用。

（二）美国通用会计准则

美国通用会计准则（Generally Accepted Accounting Principles，缩写GAAP）是美国境内企业财务报告的标准框架，其与国际财务报告准则在若干方面存在显著差异，包括会计方法和报告要求等方面的差异。美国通用会计准则和国际财务报告准则在会计方法上存在差异美国通用会计准则通常更加规定化，要求企业采用特定的会计政策和方法来处理不同类型的交易和事件。这些规则通常更加详细和具体，以确保财务报表的一致性和可比性。相比之下，国际财务报告准则更注重原则性和灵活性，允许企业在合理范围内自行选择会计政策。这导致美国通用会计准则和国际财务报告准则在处理某些交易和事件时的不同会计处理方法，如租赁、金融工具和税收等方面的差异。

美国通用会计准则和国际财务报告准则在报告要求上也存在不同之处。美国通用会计准则要求美国境内企业在财务报表中包括特定的附注和披露，以提供更多的信息细节，帮助利益相关者更好地理解企业的财务状况和经营绩效。与之不同，国际财务报告准则对一些披露要求较为灵活，企业有更多的自由度来决定披露哪些信息。这可能导致美国通用会计准则和国际财务报告准则财务报表在附注和披露方面的不同之处。美国通用会计准则和国际财务报告准则在一些具体会计标准上也存在差异，如收入识别、减值测试和合并等方面。这些差异可能导致同一企业在采用不同会计准则时产生不同的财务报表结果，这对投资者和跨国企业来说可能带来挑战。美国通用会计准则和国际财务报告准则在会计方法和报告要求方面存在差异，这反映了不同国家和地区的会计和法规环境。企业需要根据其运营地点和法律要求来选择适合的会计准则，并在财务报表中清晰地披露所采用的准则。这有助于确保财务报表的透明度和可比性，同时满足各方面的合规要求。

（三）国际和国内合规

对许多跨国企业来说，需要同时遵守国际财务报告准则和美国通用会计准则是一项至关重要的任务，这是为了满足国际和国内的合规要求，确保跨境交易和全球业务运营的成功。国际财务报告准则是国际性的会计准则，通常在国际业务环境中广泛使用。当跨国企业在多个国家开展业务时，采用国际财务报告准则有助于确保其财务报表在国际范围内具有可比性。这对于吸引国际投资者、扩大国际市场份额以及满足国际合规要求至关重要。美国通用会计准则是美国国内的会计准则，适用于在美国境内上市或运营的企业。对跨国企业而言，如果它们在美国上市或与美国企业有业务往来，也需要遵守美国通用会计准则。这是因为美国证券交易委员会要求在美国上市的外国企业提供财务报表，并且这些报表必须符合美国通用会计准则。

跨国企业需要同时遵守国际财务报告准则和美国通用会计准则，以满足投资者和其他利益相关者的需求。投资者来自不同国家和地区，可能更喜欢或更熟悉一种会计准则。因此，通过同时遵守国际财务报告准则和美国通用会计准则，企业可以更好地满足各类投资者的需求，增加其财务报表的透明度和可信度。全球性的监管和法规要求跨国企业遵守多个会计准则。包括国际金融报告准则基金会、国际会计准则理事会、美国证券交易委员会等国际和国内监管机构。遵守这些准则有助于确保企业在全球范围内遵守法律法规，降低法律风险和合规风险。对跨国企业来说，同时遵守国际财务报告准则和美国通用会计准则是确保国际和国内合规要求得到满足的关键步骤。这有助于提高财务报表的透明度和可信度，吸引国际投资者，降低法律风险，并促进全球业务运营的成功。跨国企业必须在国际化和全球化的环境中灵活应对，以确保其长期成功和可持续发展。

第三节　财务会计未来发展趋势

财务会计是企业经济管理的核心组成部分，其未来发展趋势将受到多种因素的影响。全球化将继续推动财务会计的发展。随着企业跨国经营活动的增加，国际财务报告准则和国际会计准则的应用将更加普遍。这将要求财务会计专业人员具备跨文化交流和全球会计标准的熟练掌握。数字化技术的快速发展将改变财务会计的方式和工具。大数据、人工智能和区块链技术将成为财务会计的常规工具，帮助企业实时监控财务状况、提高数据准确性并简化审计过程。这将要求财务会计专业人员具备数据分析和信息技术方面的技能。可持续发展和环境社会治理的关注度不断增加，将对财务会计产生深远影响。企业需要更加透明地报告其环境和社会责任，这将要求财务会计专业人员开发新的报告框架和指标，以衡量企业的可持续性表现。

财务会计将更加注重风险管理。全球经济不稳定性和市场波动性的增加意味着企业需要更好地理解和管理风险。财务会计专业人员将需要与风险管理团队密切合作，确保财务报告能够反映企业的风险暴露。伦理和职业操守将成为财务会计的重要关注点。金融丑闻和财务不端行为的曝光已经引发了对道德和职业操守的更高要求。财务会计专业人员需要积极推动道德标准，并确保企业遵守法规和道德准则。财务会计的未来发展将受到全球化、数字化技术、可持续发展、风险管理和伦理操守的多方面影响。财务会计专业人员需要不断学习和适应这些变化，以确保他们能够满足企业和社会的不断演变的需求。

一、数字化转型和技术应用

数字化转型和技术应用已经成为现代商业和社会的关键因素。企业和组织越来越依赖技术来提高效率、创新业务模式以及满足客户需求。数字化转型涵盖的领域广泛，包括云计算、大数据分析、人工智能、物联网和区块链等。这些技术的应用对企业和组织产生了深远的影响。云计算使企业能够灵活地扩展其 IT 基础设施，降低成本，并提供更好的可伸缩性。大数据分析允许企业从海量数据中提取有用的信息，以制定战略决策和预测趋势。人工智能技术为自动化任务、提高生产效率和改善客户体验提供了巨大的潜力。物联网将物理设备连接到互联网，实现了设备之间的实时通信和数据共享。区块链技术则提供了去中心化的安全性和透明性，适用于金融交易、供应链管理和合同执行等领域。

在商业领域，数字化转型使企业能够更好地了解客户需求，并根据需求提供个性化的产品和服务。它还促使企业采用新的商业模式，如订阅模式、共享经济和数字平台，以适应不断变化的市场。数字化转型还改变了企业内部的运营方式，加强了团队之间的协作和沟通，提高了生产效率。在社会领域，数字化转型为医疗保健、教育、政府服务和城市规划等领域带来了重大变革。通过电子健康记录，医疗保健机构可以更精准地管理患者信息，并提供更专业的医疗服务。教育机构可以利用在线学习平台提供高质量的教育，无论学生身在何处。政府可以通过数字化服务提供更高效的公共服务，并加强与市民之间的互动。城市规划可以利用智能城市技术来提高城市的可持续性和生活质量。数字化转型和技术应用已经改变了商业和社会的方式。它们为企业提供了机会来提高效率、降低成本、创新业务模式，并更好地满足客户需求。在社会层面，数字化转型为各种领域带来了更好的服务和生活质量。这些变革正在不断发展，未来将继续改变我们的世界。

（一）区块链技术

区块链技术被广泛认为在未来会对财务会计领域产生深远的影响。这一技术具有革命性的潜力，可以为财务会计提供安全、透明、不可篡改的交易记录，有助于减少欺诈和错误，提高数据的可靠性和可追溯性。区块链可以改进交易确认的速度和准确性。传统的财务交易通常需要经过多个中介机构和复杂的结算流程，而区块链技术可以通过智能合约实现自动化的交易确认和结算。这不仅可以加快交易速度，还减少了中介机构的需求，降低了交易成本。

区块链可以跟踪资产的流动和变化。由于区块链上的交易记录是不可篡改的，可以追溯到交易的发生，企业可以更准确了解其资产流动情况。这对资产管理和风险评估非常重要，有助于企业更好地管理其资源。区块链可以提高数据的准确性和可信度。由于区块链上的数据是分布式存储的，并且需要共识机制来验证，因此数据具有高度的可靠性。这有助于防止数据被篡改和发生错误，提高财务报告的质量和透明度。区块链还可以增强审计的效率和可靠性。审计师可以通过访问区块链上的交易记录来验证企业的财务信息，而无需依赖企业提供的数据。这可以提高审计的独立性和可信度，减少潜在的冲突和欺诈。区块链技术在财务会计领域具有巨大的潜力。它可以改进交易确认、跟踪资产流动、提高数据的准确性和可信度，以及增强审计的效率和可靠性。随着区块链技术的不断发展和应用，它将继续对财务会计产生深远的影响，为企业和投资者提供更加安全和透明的财务信息。

（二）人工智能和机器学习

人工智能（AI）和机器学习技术具有巨大的潜力，可以在财务会计领域实现许多重要的应用，包括数据分析、预测、模式识别和自动化。这些技术的应用有望加速财务报表的生成，识别异常交易，优化成本管理，并提高决策支持。人工智能和机器学习技术可以用于数据分析。大量的财务数据需要在财务会计中处理，包括交易记录、账户余额、收入和支出等。人工智能和机器学习可以自动化数据处理和清洗过程，减少错误和提高数据质量。这些技术还可以识别数据中的模式和趋势，帮助企业更好地理解其财务状况。人工智能和机器学习技术可以用于预测。通过分析历史财务数据和市场趋势，生成准确的财务预测，包括销售收入、成本、盈利能力等。这对制定预算和规划未来战略至关重要，帮助企业做出明智的财务决策。

人工智能和机器学习还可以用于识别异常交易和欺诈行为。它们可以分析大量的交易数据，检测不正常的交易模式或异常活动，以及潜在的欺诈行为。这有助于企业及时采取措施来减少损失，并提高财务安全性。人工智能和机器学习还可以优化成本管理。它们可以分析企业的成本结构，并提供优化建议，帮助企业降低开支、提高效率，并实现成本控制目标。这对提高企业的盈利能力和竞争力至关重要。人工智能和机器学习技术可以提高决策支持。它们可以为企业管理层提供实时的财务数据和分析报告，帮助他们更好地理解企业的财务状况，制定战略计划，做出关键决策。这有助于提高决策的准确性和效率。人工智能和机器学习技术在财务会计领域具有巨大的潜力，可以加速报表生成、识别异常交易、优化成本管理，并提高决策支持。有助于提高财务会计的效率和准确性，为企业提供更好的财务信息，支持战略规划和决策制定。随着技术的不断发展和应用，它们将在财务会计中扮演越来越重要的角色。

（三）大数据分析

大数据分析已经成为财务会计领域的一项重要工具，预计将逐渐成为常规工具。通过处理和分析大量的数据，会计师能够获得更深入的业务洞察，发现潜在的风险和机会，支持更精确的预测和规划，提高财务会计的效率和效益。大数据分析可以帮助会计师更好地理解企业的财务状况。传统的会计方法可能只涵盖有限的数据点，而大数据分析可以处理大规模的财务和非财务数据，从而提供更全面的信息。会计师可以通过分析历史数据和趋势来评估企业的盈利能力、成本结构和现金流动性。这有助于他们更好地了解企业的财务风险和机会，制定更具战略性的财务策略。

大数据分析可以用于检测潜在的欺诈和错误。通过分析大规模的交易数据和支付模式，会计师可以识别异常模式和不正常的交易行为。这有助于及早发现潜在的欺诈行为，提高财务报告的可信度和准确性。大数据分析还可用于内部审计，帮助企业识别并纠正内部控制缺陷。大数据分析可以支持更精确的预测和规划。会计师通过使用大数据分析来分析市场趋势、消费者行为和竞争情况，以制定更准确的财务预测和预算。这有助于企业更好地规划资源分配、资本投资和业务扩张。大数据分析还可以用于风险管理，帮助企业识别潜在的风险因素并采取预防措施。大数据分析能够提高财务会计的效率。自动化数据收集和处理过程可以减少手工工作量，降低错误率，并提高数据的准确性。这意味着会计师可以更多地专注于分析和战略工作，而不是烦琐的数据输入和整理工作。

大数据分析已经成为财务会计领域的一项关键工具，并有望成为必备工具。通过利用大数据分析，会计师可以获得更深入的业务洞察，提高财务报告的质量和可信度，支持更精确的预测和规划，为企业的决策制定和战略规划提供更强大的支持。大数据分析将继续在财务会计领域发挥重要作用，帮助企业更好地应对竞争和市场变化。

二、可持续发展和环境责任

可持续发展是全球社会面临的重要挑战之一，而环境责任是实现可持续发展的关键。可持续发展意味着满足当前世代的需求，同时不损害未来世代的需求。环境责任是指企业、政府和个人对环境的责任和义务，以减少对环境的不良影响并保护自然资源。在工业化和城市化不断发展的今天，环境问题已经成为了全球范围内的紧迫问题。气候变化、空气和水污染、生态系统破坏等问题严重威胁着地球的可持续性。因此，实现可持续发展的关键之一就是承担环境责任，采取行动减少环境负担。

企业在可持续发展和环境责任方面发挥着重要的作用。企业应该采取措施来减少对环境的不良影响，包括降低碳排放、改善废物管理、提高资源效率等。同时，企业也应该积极参与社会和环境倡导活动，推动可持续发展目标的实现。这不仅有助于降低环境风险，还可以提高企业的声誉和竞争力。政府在实现可持续发展方面也扮演着关键角色。政府需要颁布法规和政策，以促使企业和个人采取环保措施。政府还需要加强监管和执行，确保环境法规得到遵守。政府还可以通过提供激励措施，鼓励企业采取可持续发展举措，如税收减免、津贴和补贴。个人也应该承担环境责任，通过采取可持续的生活方式，如减少能源消耗、减少废物和污染、支持可再生能源等，降低自身对环境的不良影响。教育和宣传也是提高个人环境意识的重要手段，可以激发人们采取积极的环保行动。

可持续发展和环境责任是当今社会不可忽视的问题。实现可持续发展需要企业、政府和个人的共同努力。通过采取积极的环保措施，减少资源浪费，降低污染和碳排放，我们可以为未来世代创造更加可持续和健康的生活环境。这是我们共同的责任和义务，也是我们对地球的尊重和珍惜。

（一）可持续会计

全球对可持续发展和社会责任的关注逐渐增加，这将深刻影响财务会计领域。财务会计将更加关注企业的环境、社会和治理（ESG）因素，这不仅会影响会计准则和报告要求，还将改变企业的会计实践和财务信息披露方式。会计准则和报告要求可能会被调整，以更好地反映企业的可持续性绩效。目前，国际财务报告准则和美国通用会计准则等主要会计框架正在考虑如何整合 ESG 因素到财务报表中。这意味着未来的财务报表可能会包括更多关于企业 ESG 绩效的信息，如碳足迹、社会责任项目、多元化和治理实践等。

财务会计实践可能会发生变化，以更好地捕捉和报告环境、社会和治理信息。企业可能需要改进其数据收集和报告系统，以便跟踪和度量环境、社会和治理因素的影响。可能涉及更多的数据收集、分析和验证工作，以确保 ESG 信息的准确性和可靠性。投资者和利益相关者可能会越来越关注 ESG 信息，并将其纳入投资和决策过程中。这将推动企业提高环境、社会和治理绩效，并促使它们更加透明地披露相关信息。企业可能需要制定明确的环境、社会和治理战略，以满足投资者和市场的需求。环境、社会和治理审计和验证可能会成为常规实践。审计师可能需要评估企业的 ESG 信息披露，以确保其符合相关的准则和要求。这有助于提高 ESG 信息的可信度和可靠性。这一趋势反映了全球对可持续性和社会责任的不断增长的重视，将有助于推动企业更加积极地追求可持续性和社会责任目标。同时，也将为投资者和市场提供更多关于企业可持续性绩效的信息，以支持更明智的投资和决策。

（二）碳会计

碳会计是一项重要的会计实践，涉及跟踪和报告企业的温室气体排放和碳足迹。随着全球气候变化问题日益引起关注，碳会计不仅是环境保护的一部分，还逐渐成为企业社会责任的重要组成部分，并需要整合到财务报告中。碳会计对企业社会责任至关重要。温室气体排放是导致气候变化的主要原因之一，而企业作为气候变化的一部分，有责任减少其碳足迹，降低对环境的不良影响。通过碳会计，企业可以更深入地理解其碳排放情况，并采取措施来减少排放，推动可持续发展。碳会计有助于提高企业的透明度和可信度。公开报告温室气体排放和碳足迹的信息，使企业更加透明和负责任。这有助于建立信任关系，满足利益相关者对企业社会责任的期望，包括投资者、客户、政府机构和社会大众等。

碳会计也有助于企业降低成本和提高效率。通过识别和量化碳排放源，企业可以确定节能减排的机会，降低能源和资源消耗，减少运营成本。这不仅有益于环境，还有助于提高企业的竞争力。碳会计需要整合到财务报告中。这意味着企业需要将碳会计信息纳入其财务报表，以确保相关数据的准确性和一致性。通过报告温室气体排放、碳足迹、碳披露等方式，可以实现碳会计成为财务报告的一部分，向利益相关者传达企业的可持续经营承诺。碳会计在当前全球气候变化问题日益严重的背景下，已经成为企业社会责任的一部分，需要整合到财务报告中。它有助于企业更好地理解和管理其碳足迹，提高透明度和可信度，降低成本，推动可持续发展。通过将碳会计信息纳入财务报告，企业可以展示其在气候变化问题上的积极作用，满足利益相关者的期望，为未来可持续经济做出贡献。

三、国际合作和法规变革

国际合作和法规变革在全球化时代的经济和政治环境中扮演着至关重要的角色。国际合作涉及各国政府、国际组织和非政府机构之间的合作和协调，以解决跨国问题，促进和平与发展。与此同时，法规变革是国家内部的政策和法律改革，旨在适应不断变化的社会和经济条件。国际合作通过促进全球问题的协调解决，有助于解决全球性挑战，如气候变化、贸易争端等。国际组织如联合国、世界贸易组织和世界卫生组织在推动国际合作方面发挥了关键作用。多边和双边协议也有助于国家间的合作，促进了贸易和投资。

法规变革在国家内部也至关重要。国家必须不断适应不断变化的经济和社会环境，以确保经济发展和社会稳定。法规变革包括税收政策的调整、市场监管的改进、劳动法的修改等。这些变革有助于创造更有利于创新和竞争的环境，促进经济增长。国际合作和法规变革之间存在相互关联。国际合作可能导致国内法规的调整，以遵守国际协议和承诺。例如，国家可能需要修改其环境法规，以履行减少温室气体排放的国际承诺。相反，国家内部的法规变革也可能影响其在国际舞台上的立场。例如，改善商业法规和知识产权保护可能吸引更多的外国投资。

在全球化时代，国际合作和法规变革之间的互动成了不可分割的一部分。它们共同塑造着国际社会和国家内部的发展方向。国际合作强调全球共同利益，法规变革则强调国家内部的发展需求，二者共同推动了国际体系的进化和国际法律框架的适应。这种综合作用有助于解决跨国挑战，促进全球和平与繁荣。

（一）国际会计标准

财务会计领域将继续受到国际会计标准的影响，其中国际财务报告准则（International Financial Reporting Standards，简称 IFRS）的普及是一个重要的驱动因素。国际财务报告准则的广泛应用和国际间的会计准则趋同趋势将推动全球财务报告的一致性，国际财务报告准则的普及将加强国际市场的透明度和可比性。由于越来越多的国家和地区采纳国际财务报告准则作为其财务报告的标准，投资者和利益相关者能够更容易地比较不同国家和企业的财务信息。这有助于提高全球市场的效率，促进跨国投资和合作。

国际间的会计准则趋同将减少企业的财务报告复杂性。许多跨国企业需要遵守多个国家或地区的会计准则，这可能导致不一致的报告要求和复杂的财务报表。随着越来越多的国家采用国际财务报告准则，企业可以更简化其财务报告流程，减少合规成本，并提高报告的一致性。国际财务报告准则的普及将促使企业改进其财务报表的质量。国际财务报告准则强调财务报表的透明度和信息披露，要求企业提供更多详细的信息，包括风险管理、关键业绩指标和业务战略等方面的内容。这有助于投资者更好地理解企业的经营状况和风险，提高了财务报表的质量。

国际财务报告准则的全球普及也将加强监管机构的合作和标准制定的一致性。不同国家和地区的监管机构通常合作制定和维护 IFRS，以确保这一标准体系的一致性和更新。这有助于提高全球会计准则的稳定性和可靠性。国际财务报告准则的普及和国际间的会计准则趋同将继续推动全球财务报告的一致性。这对投资者、企业和监管机构都有积极影响，有助于提高市场的透明度和稳定性，降低合规成本，并促进全球经济的发展和合作。因此，国际会计标准将继续在财务会计领域发挥关键作用。

（二）法规变革

政府和监管机构在面对新兴问题和风险时，如数字货币、加密资产和数据隐私等，通常会采取行动，制定新的会计法规和监管政策。这意味着会计师必须密切关注法规的变革，并确保企业合规地遵守最新的要求。数字货币和加密资产等新兴金融工具已经引发了监管关注。政府可能会制定新的法规，规范这些领域的会计处理和报告要求。会计师需要了解这些法规的具体要求，确保企业正确记录和披露与数字货币相关的交易，以便符合监管要求。数据隐私和信息安全问题也成为监管的热点。许多国家和地区已经制定了数据隐私法规，要求企业保护客户和员工的个人数据。会计师需要了解这些法规，并确保企业采取适当的措施来保护数据隐私，同时合规地报告与数据处理相关的财务信息。

国际间的会计和报告标准也可能发生变化。国际财务报告准则和美国通用会计准则等标准机构可能会更新其准则以反映新兴问题的重要性。会计师需要跟踪这些标准的变化，并确保企业适应新的会计规定，以确保合规性和报告准确性。会计师还需要与监管机构和法律顾问保持密切联系，以获取关于新法规的指导和解释。这有助于确保企业对法规的理解和遵守是正确的，并且避免在合规性方面的疏漏。政府和监管机构的法规变革对企业的财务会计和报告产生重大影响。会计师必须保持警惕，密切关注新兴问题和风险，以确保企业合规地遵守最新的法规和合规要求。这需要不断的教育和更新知识，以适应不断变化的监管环境，并为企业提供可靠的财务信息。

（三）国际合作

财务会计领域将继续强化国际合作，以促进信息共享和最佳实践传播。跨境交易和全球化业务的增加，使得国际协调和合作成为必不可少的一部分，有助于应对全球经济的挑战和推动财务会计的发展。跨国企业的不断增加意味着它们需要在不同国家和地区遵守各种不同的会计准则和法规。为降低复杂性和成本，这些企业通常希望能在全球范围内实现财务报表的一致性和可比性。因此，国际合作成为保证企业财务报表在全球范围内具有一致性的关键。国际会计准则理事会（IASB）和国际财务报告准则基金会在制定国际财务报告准则方面发挥了关键作用，促进了全球标准的采用。

国际合作有助于推广最佳实践和财务会计的标准化。不同国家和地区可能具有不同的会计实践和标准，国际合作可以促使这些国家之间进行经验交流和知识分享。这有助于提高全球财务会计的质量和透明度，吸引投资者信任和支持。国际合作还在监管和法规方面发挥重要作用。监管机构和国际组织可以通过合作来推动全球金融稳定，避免跨国企业的不当行为，减少跨境欺诈和逃税等问题，确保全球金融体系的稳定和透明。国际合作也有助于应对新兴问题和挑战，如数字经济、气候变化会计、可持续发展报告等。这些问题跨越国界，需要国际共识和协作来解决。国际合作机构和国际会计组织可以提供平台，促进这些议题的研究和讨论，为全球社会提供有关这些问题的准确信息。财务会计领域将继续强化国际合作，以应对全球化业务的挑战。国际合作有助于促进信息共享、最佳实践传播、监管协调和问题解决，推动全球财务会计的发展，提高透明度和信任度，为全球经济的可持续增长和发展做出贡献。国际合作将继续在财务会计领域发挥关键作用，有助于推动行业的进步和创新。

第二章　管理学基本理论

第一节　管理、管理者

　　管理是一项复杂的活动，涵盖组织、计划、协调和控制各种资源以实现既定目标的过程。管理旨在确保组织或团队能够高效地运营，达到其使命和愿景。管理者是管理过程的关键组成部分。他们通常是组织中的领导者，负责制定战略、制定政策、分配资源和监督团队。管理者需要具备领导、决策、沟通和问题解决等各种技能，以便有效地管理组织或团队。管理学是一门研究和理解管理的原理、理论和实践的学科。它涵盖的主题广泛，包括组织行为、战略管理、领导力、决策科学和人力资源管理等。管理学的目标是提供有关如何最好地管理组织或团队的指导原则和方法。管理学的发展已经积累了大量的理论和经验知识，为管理者提供了有关如何应对不同情境和挑战的指导。管理者可以从管理学中汲取智慧，制定策略、管理团队、解决问题和改进业务运营。管理是至关重要的活动，旨在确保组织或团队能够实现其目标。管理者是管理过程的关键角色，而管理学是研究和理解管理原理和实践的学科。管理学为管理者提供了有关如何有效管理组织或团队的指导，有助于提高领导和决策能力，以应对不断变化的商业环境。

一、管理的基本概念

　　管理是一项复杂而重要的活动，它涵盖组织、规划、协调和监督各种资源以实现特定目标的过程。管理的核心概念可以分为以下几个关键方面。管理具有组织职能。它意味着将资源，包括人员、资金、设备和信息等，合理地组织在一起，以实现组织的使命和目标。包括确定组织的结构、职责和职能，以确保资源被有效地分配和利用。管理具有规划职能。这是一个重要的环节，需要管理者制定明确的战略和目标，为组织或团队的未来制定蓝图。规划包括确定目标，制定计划，分配资源和制定战略，以实现长期和短期目标。管理具有协调职能。这是确保各个部门、团队和个体协同工作以实现共同目标的过程。管理者需要协调不同资源和活动，以确保组织内部的协作和协调，以便有效地执行计划。管理还具有监督和控制职能。这是确保组织或团队按照规划和目标执行的过程。管理者需要设定性能标准，监督工作进展，并在必要时采取纠正措施，以确保组织达到其预期的结果。

管理是一个动态过程。它需要不断地适应变化的外部和内部环境。管理者必须灵活应对新的挑战和机遇，调整战略和计划，以确保组织或团队能够适应不断变化的情况。管理是一项涉及组织、规划、协调、监督和控制的复杂活动。它需要管理者具备多种技能和能力，包括领导力、决策能力、协调能力和问题解决能力等。管理的核心概念是确保资源被有效地组织和利用，以实现组织或团队的目标，同时适应不断变化的环境。管理是各种组织和领域中不可或缺的活动，为实现成功和可持续性提供了关键支持。

（一）管理的定义

管理被认为是一种复杂而关键的活动，它不仅是组织成功的核心，还是在不断变化的商业环境中生存和繁荣的关键。管理的本质在于协调和组织各种资源，以实现组织的长期愿景和短期目标。这一过程包括多个关键活动，它们相互交织，共同构建出组织的基石。管理涉及规划。规划是管理的起点，它涉及确定组织的使命和愿景，以及为实现这些目标所需的策略和计划。规划需要管理者考虑内外部环境因素，分析市场趋势和竞争情况，以制定明确的战略路线。规划还包括制定具体的目标和绩效指标，以便评估和追踪组织的进展。管理包括组织。组织是确保资源合理分配和协调的关键步骤。这包括确定组织的结构，明确各个部门和团队的职责和角色。管理者需要确保人员、资金、技术和其他资源得以有效地组织在一起，以支持战略的实施。组织还包括建立沟通渠道和协作机制，以便团队成员可以协同工作并实现共同目标。管理涉及领导。领导是激励和激发团队成员的关键。管理者需要展示出卓越的领导技能，以建立团队的信任和合作。领导包括设定激励措施、提供指导和支持，并建立积极的工作文化。有效的领导有助于团队成员保持动力，积极投入工作，并追求卓越。管理还包括控制。控制是确保组织按照规划和目标执行的关键环节。管理者需要建立性能指标和标准，以便监督工作进展并评估绩效。如果组织偏离了计划，管理者需要采取纠正措施，以确保组织朝着预期的方向前进。

管理是一种协调和组织资源的复杂过程，旨在实现组织的长期目标和使命。它包括规划、组织、领导和控制等关键活动，这些活动相互交织，为组织的成功奠定了基础。管理者的角色是关键的，他们需要展示出卓越的领导和决策能力，以应对不断变化的商业挑战，确保资源的有效利用，实现组织的成功。

（二）管理的层次

管理学理论将管理划分为不同的层次，其中包括战略管理、战术管理和操作管理。这些不同层次的管理各自具有独特的职责和重要性，它们协同合作，确保组织能够有效地实现其目标和使命。

战略管理是管理的最高层次，涉及长期决策和规划。在战略管理中，组织的领导层制定长期愿景和目标，确定发展方向，并制定相应的战略计划。这些计划通常涵盖数年甚至更长的时间范围，旨在确保组织在未来能够保持竞争优势。战略管理需要深刻的市场分析、竞争对手评估和风险管理，以便制定明智的决策，以满足组织的长期目标。

战术管理关注中期目标的实现。在这个层次，管理层将战略计划转化为具体的行动步骤和计划。战术管理通常涵盖一到三年的时间范围，旨在实施战略计划的各个方面。这包括资源分配、项目管理、绩效评估和监督。战术管理要求管理层能够将战略目标具体化，并确保组织的各个部门和团队都在朝着这些目标努力。

操作管理涉及日常运营和任务的执行。这个管理层次关注组织的日常活动，包括生产、服务提供、供应链管理、财务控制等。操作管理的目标是确保组织的各项活动能够高效地运行，并按照战略和战术计划的要求执行。操作管理需要具体的流程和程序，以确保任务按时完成，质量得到保证，并且资源得到充分利用。

这三个管理层次之间存在紧密的联系和协作。战略管理提供了指导和方向，战术管理将战略计划付诸实践，而操作管理负责执行并维护日常运营。它们共同构成了一个完整的管理体系，有助于组织实现其长期愿景和目标。

管理学将管理划分为战略管理、战术管理和操作管理，每个层次都在实现组织的成功和持续增长中发挥重要作用。这三个层次的管理密切合作，确保组织能够在不同时间范围内制定计划、实施战略，并有效地执行日常任务。管理层次之间的协作是管理学理论的核心概念之一，对于组织的成功至关重要。

二、管理者的技能和特征

管理者的技能和特征是成功领导和管理组织的关键因素。管理者需要具备多方面的技能和特征，以应对不断变化的挑战和复杂的管理任务。沟通能力是一项至关重要的技能。管理者必须能够有效地传达信息，与员工、同事和上级进行良好的沟通。他们需要清晰表达自己的意见和要求，倾听他人的观点，解决冲突，并建立良好的沟通渠道。良好的沟通能力有助于建立团队协作和维护组织内部的信息流畅。领导能力是管理者必备的特征之一。领导者应该能够激励和激发员工的潜力，引导他们朝着共同的目标努力。领导者需要展现出坚定的决心和积极的态度，以鼓励员工跟随他们的领导，并在困难时提供支持和方向。他们还应该具备决策能力，能够在复杂情况下做出明智的决策。

团队合作能力也是管理者的关键特征之一。管理者通常需要与多个利益相关者合作，包括团队成员、其他部门和合作伙伴。他们要能建立和维护良好的工作关系，促进团队的协作和合作，以实现共同的目标。团队合作能力有助于提高工作效率和创造更好的工作环境。决策能力也是管理者不可或缺的技能之一。管理者经常需要面临各种各样的决策，从日常事务到战略规划。他们要能分析信息、权衡利弊，并做出明智的决策。良好的决策能力有助于组织取得成功，同时也有助于管理者建立信任和声誉。

适应性和学习能力也是管理者的重要特征。管理环境不断变化，管理者要能适应新的挑战和变革。他们需要不断学习新知识和技能，不断提升自己的职业素养，以适应不断演变的管理需求。管理者的技能和特征是领导和管理组织的关键因素。沟通能力、领导能力、团队合作能力、决策能力、适应性和学习能力等都是成功管理者的重要素质。这些技能和特征有助于管理者有效地领导团队，应对各种挑战，并在复杂的管理环境中取得成功。

（一）管理者的角色

管理者在组织中担任关键的角色，他们是决策者和领导者。他们的职责和职能可以分为顶层管理、中层管理和基层管理三个层次，每个层次都有其独特的职责和职能。

顶层管理者通常是高级领导层，如首席执行官（CEO）和高级副总裁。他们负责制定组织的长期战略和目标，决定公司的整体方向。顶层管理者需要关注市场趋势、竞争环境和外部因素，以制定战略规划，并向董事会和股东汇报组织的绩效。他们还需要领导高级管理团队，确保战略的顺利实施。

中层管理者位于组织的中间层次，包括部门经理、分支机构经理和项目经理等。他们的职责是将顶层管理者的战略转化为具体的行动计划，并确保部门或项目的有效运作。中层管理者需要协调资源分配、监督员工绩效，并与其他部门和团队合作以实现组织目标。他们还向顶层管理层报告进展情况，并在组织内部传递信息。

基层管理者是组织中的前线管理者，如班组长、监督和主管。他们的职责是直接管理员工的日常工作，确保任务按时完成，质量得到保证。基层管理者需要指导、激励和培训员工，解决问题，并向中层管理层汇报工作进展。他们在组织中起到了重要的执行和监督作用。管理者在组织中扮演着不同层次和不同职责的角色。

顶层管理者制定战略和决策，中层管理者负责实施和协调，基层管理者管理员工的日常工作。这些不同层次的管理者共同努力，以确保组织的顺利运作，实现其目标和使命。管理者的角色和职责在不同组织和环境中可能会有所不同，但他们的贡献对于组织的成功至关重要。

（二）管理者的技能

管理者的工作是多方面的，因此他们需要具备广泛的技能和能力，以有效地履行管理职责。

决策能力是管理者的核心技能之一。管理者需要不断面对各种决策，从日常运营决策到战略规划决策。他们必须能够分析信息、权衡利弊、做出明智的选择，并承担决策后果。决策能力的质量直接影响组织的效率和成果。沟通能力对管理者至关重要。管理者需要能够清晰、有效地传达信息，与团队成员、同事和上级进行有意义的对话。良好的沟通有助于建立信任，促进合作，并确保信息传递的准确性。管理者还需要倾听和理解他人的观点和需求，以更好地满足组织的目标。

问题解决能力是管理者的另一个重要技能。管理者经常面临各种挑战和问题，需要能够分析问题的根本原因，制定解决方案，并有效地执行。问题解决能力涵盖了创造性思维、批判性思维和判断力，有助于管理者应对各种复杂情境。

领导能力是管理者不可或缺的技能之一。管理者需要能够激励和激发团队成员，引导他们朝着共同的目标努力。领导包括设定愿景、建立文化、提供指导和支持，并展示出卓越的榜样作用。管理者的领导能力直接影响团队的绩效和士气。

时间管理是管理者必备的技能之一。他们需要有效地管理自己的时间和工作流程，以确保任务按时完成，并能够应对紧急情况和优先事项。良好的时间管理有助于提高生产力，减轻工作压力，并确保组织的目标得以实现。

团队协作是管理者的关键技能之一。管理者通常在团队环境中工作，他们需要能够建立协作关系、促进团队合作，并解决潜在的冲突。团队协作有助于提高团队的效率和创造力，推动组织向前发展。

管理者需要具备多种技能和能力，包括决策能力、沟通能力、问题解决能力、领导能力、时间管理和团队协作等。这些技能使他们能够有效地履行管理职责，应对各种挑战，促进组织的成功和发展。管理者的多面能力使他们能够成为组织的重要资产，推动团队和组织朝着共同的目标前进。

（三）管理者的特征

成功的管理者通常具备一系列重要的特征，这些特征不仅有助于他们应对各种挑战，还能推动组织取得成功。

领导力是一个关键特征。管理者需要能够激励和指导团队，引领他们朝着共同的目标努力。领导者应该能够展示出坚定的决心和积极的态度，以鼓励员工跟随他们的领导。成功的管理者能够建立并维护高效的团队，推动组织不断发展。决心和坚韧性也是成功管理者的特征之一。管理领域充满了各种挑战和不确定性，需要坚定的决心来克服困难。成功的管理者通常能够坚持不懈，不轻易放弃，持续追求目标，即使面临挫折和压力也能保持积极的态度。

创新能力是另一个重要的特征。管理者需要不断寻找新的解决方案和机会，以应对不断变化的市场和竞争环境。成功的管理者通常具备创新思维，能够推动组织采用新的方法和策略，以保持竞争力。适应性也是成功管理者的特征之一。管理环境不断变化，管理者需要能够适应新的挑战和变革。他们应该具备学习和适应的能力，不断更新知识和技能，以适应不断演变的管理需求。

人际关系技能也至关重要。管理者需要与各种利益相关者合作，包括员工、同事、客户和合作伙伴。成功的管理者通常具备卓越的沟通和人际关系技能，能够建立良好的工作关系，促进协作和合作。

成功的管理者通常具备领导力、决心、创新能力、适应性和人际关系技能等重要特征。这些特征有助于他们应对各种挑战，推动组织取得成功。管理者的角色是关键的，他们的行为和特征对于组织的表现和绩效产生深远的影响。因此，不断发展和强化这些特征对于个人和组织都至关重要。

第二节　管理学基本理论与应用领域

管理学基本理论是企业和组织管理的理论基础，它涵盖多个应用领域，为组织和企业提供指导和决策支持。管理学的基本理论包括管理职能、组织理论、领导理论、决策理论和沟通理论等。管理职能是管理学的核心理论之一。管理职能包括规划、组织、领导和控制等方面的任务，它们帮助组织和企业实现目标。规划涉及设定目标和制定战略，组织涉及分配资源和设计组织结构，领导涉及激励和指导员工，控制涉及监督和评估绩效。这些职能共同构建了有效的管理体系。组织理论关注如何构建和管理组织结构以实现效率和效益。组织结构的设计和管理对确保资源的合理分配、决策的迅速执行和信息的顺畅流动至关重要。组织理论研究了不同类型的组织结构、权力分配和协作机制，以提高组织的运营效率。

领导理论涵盖领导者如何影响和激励员工以实现组织目标的问题。领导是管理中至关重要的角色，因为领导者的行为和风格可以影响员工的动机和绩效。领导理论探讨了领导特质、领导行为和领导权变等理论内容。决策理论是用以指导和阐释行政决策的理论依据。决策是管理过程中的关键环节，它涉及选择最佳的行动方案以实现目标。决策理论研究了决策制定的模型、决策风险和不确定性，以及决策过程中的认知和心理因素。沟通理论探讨了如何在组织内部和外部有效地传递信息和意见。沟通是组织内部协作和外部沟通的基础，它涉及信息的传递、反馈的收集以及问题的解决。沟通理论研究了沟通渠道、沟通效果和跨文化沟通等方面的问题。

管理学的基本理论涵盖了管理职能、组织理论、领导理论、决策理论和沟通理论等多个领域。这些理论为组织和企业提供了管理指导和决策支持，有助于提高效率、实现目标，并适应不断变化的管理环境。管理学的应用领域广泛，涵盖了各种类型的组织和企业，为其提供了有效的管理工具和方法。

一、管理学的基本理论

管理学作为一门学科，涵盖多种基本理论，这些理论对解释和理解组织和管理的复杂性非常重要。管理学中的经典理论之一是亨利·福尔的科学管理理论。这一理论强调通过科学方法来提高工作效率和生产力。福尔认为，通过分析工作流程，确定最佳方法和标准化操作，可以实现更高的生产力和效率。马克思的阶级斗争理论对管理学产生了深远影响。这一理论关注社会和组织中的阶级冲突，认为不同阶级之间的矛盾和斗争对管理和组织结构产生了重要影响。马克思主义理论引发了对权力和控制问题的深刻思考。

亚当·斯密的经济学理论也在管理学中占有一席之地。他的经济学思想强调自由市场和自利行为，影响着组织中的激励机制和资源分配。斯密的思想为经济学与管理学的交叉提供了基本思路。管理学中的行为科学理论强调个体和团队的行为和互动。这些理论包括心理学和社会学等领域的研究，探讨了个体决策、领导风格、组织文化等方面的问题。这些理论有助于解释人际关系和组织动态。管理学中的战略管理理论关注组织的长期发展和竞争优势。这一理论强调制定和实施战略，以适应外部环境的变化并实现组织的目标。战略管理理论对组织战略规划和决策制定产生了深远影响。

管理学涵盖多种基本理论，这些理论有助于解释和理解组织和管理的各个方面。从科学管理到社会斗争、经济学和行为科学，这些理论为管理学提供了多维度的视角。管理学的发展是一个不断演化的过程，吸纳了各种理论和思想，以适应不断变化的管理环境和需求。管理学的基本理论为管理实践和研究提供了坚实的基础。

（一）管理学的定义

管理学是一门广泛而深刻的学科，它致力于研究管理的原则、理论和实践，旨在帮助理解和解决组织和管理领域的复杂问题。管理学包括众多子领域，如组织理论、领导理论、决策理论、沟通理论等，这些子领域共同构建了管理学的丰富知识体系。

组织理论是管理学的重要组成部分。它关注组织的结构、文化和运作方式，旨在探讨如何最有效地设计和管理组织，以实现其使命和目标。组织理论涵盖诸多概念，如组织结构、权力分配、协作机制和变革管理，有助于理解组织的内部机制和运作原理。

领导理论是管理学的核心内容之一。领导理论研究领导者的角色、行为和影响力，以及如何有效地引导团队实现共同目标。领导理论包括各种不同的领导风格和方法，如变革型领导、事务型领导和情感智慧型领导等，帮助理解领导者在不同情境下的作用和影响。

决策理论是管理学的另一个重要分支。决策理论研究决策过程、决策制定者的行为和决策模型，以帮助理解在不确定性和复杂性环境中如何做出明智的决策。决策理论包括决策制定的各个阶段，如问题识别、信息收集、选择和评估决策后果等，有助于提高决策的质量和效率。

沟通理论也是管理学的重要领域。沟通理论研究信息传递、信息处理和信息共享的过程，强调有效的沟通对于组织内部和外部的成功至关重要。沟通理论包括了各种沟通媒介、技巧和策略，有助于管理者提高沟通效果，建立良好的工作关系，以及促进团队合作。

管理学是一门综合性学科，研究了管理的各个方面，包括组织理论、领导理论、决策理论和沟通理论等。这些理论和概念有助于解释和理解组织和管理领域的复杂性，提供了有关如何有效地管理和领导的指导原则和方法。管理学的知识体系不断发展，以适应不断变化的管理环境和需求，为组织和管理者提供了宝贵的资源和智慧。

（二）管理学的基本原理

管理学的基本原理，通常以POLC（Planning, Organizing, Leading, Controlling）模型来概括，是指管理过程中的四个核心活动，这些活动共同构建了组织和管理的基础。

规划是管理的起点和基石。规划涉及目标设定、战略制定和计划制定等活动。管理者需要明确组织的长期愿景和短期目标，以确定前进的方向。他们需要分析内外部环境，识别机会和挑战，并制定策略和计划来实现这些目标。规划还包括制定绩效指标和标准，以便后续的控制活动。

组织是确保资源有效分配和协调的重要环节。管理者需要确定组织的结构，明确各个部门和团队的职责和角色。资源，包括人员、资金、技术和设备，需要合理地分配和管理，以支持战略的实施。组织还包括建立沟通渠道和协作机制，以便团队成员可以协同工作并实现共同目标。

领导是激发和引导团队成员的关键活动。领导涵盖了设定愿景、建立文化、提供指导和支持，并展示出卓越的榜样作用。管理者需要能够激励员工，激发他们的工作激情，引导他们朝着共同的目标努力。领导也包括有效的沟通，以确保团队理解和共鸣组织的愿景和价值观。

控制是管理的最后一环，也是持续性的过程。控制活动包括绩效监测、数据分析和反馈回路。管理者需要跟踪工作进展，与规划中的目标进行比较，并采取纠正措施，以确保组织朝着预期的方向前进。控制也包括评估绩效，并根据结果进行改进，以不断提高效率和效果。

管理学的基本原理包括规划、组织、领导和控制。这些原理构成了管理过程的四个核心活动，有助于管理者有效地组织和领导组织，以实现组织的长期目标和使命。这些活动相互关联，构成了管理学的基础框架，为组织和管理者提供了指导和方向。管理者通过运用这些原理，可以更好地应对挑战，推动组织的成功和可持续发展。

（三）管理学的管理理论

管理学是一个多学科的领域，包括多种管理理论和模型，每种理论都强调不同的管理原则和方法，以应对各种组织和环境中的挑战。

科学管理理论，也称为泰勒主义，由弗雷德里克·泰勒于20世纪初提出。

它强调通过科学方法来优化工作流程和任务分配，以提高效率和生产力。科学管理理论关注任务分工、时间研究和绩效激励等方面，对于生产制造业和生产性工作环境具有重要意义。

人际关系理论强调了员工与管理者之间的关系和互动。该理论认为，员工的满意度和工作绩效受到组织内部人际关系的影响。因此，人际关系理论倡导建立良好的员工关系、提供支持和建立信任。这对于提高员工士气和组织绩效非常重要。

系统理论将组织视为一个复杂的系统，强调各个部门和组成部分之间的相互依赖性。该理论认为，管理者需要理解组织的整体效应，而不仅仅关注个别部门。系统理论有助于管理者更好地管理组织的相互关系和影响因素。

情境管理理论强调管理策略和方法需要根据不同的情境和环境来调整。它认为没有一种通用的管理方法适用于所有情况，管理者需要根据具体情境灵活调整管理策略。情境管理理论有助于管理者适应不断变化的外部因素和内部挑战。

除上述理论外，管理学还包括众多其他理论，如参与管理理论、领导理论、变革管理理论等，每种理论都有其独特的贡献和应用领域。管理者可以根据组织的需求和情境选择适当的管理理论和方法，以实现组织的目标和取得成功。综合运用不同的管理理论也可以提供更全面的管理视角，有助于解决多样化的管理挑战。

二、管理学的重要性

管理学作为一门学科，具有重要性和广泛的应用领域。它涵盖组织管理、决策制定、领导力、创新、战略规划等多个方面，对个人、组织和社会都具有深远的影响。

管理学对组织非常重要。它提供了有效管理组织资源和人力的框架和原则。管理学帮助组织领导者更好地规划和实施战略，提高生产效率，降低成本，提高质量，增强竞争力。管理学还研究组织文化、组织变革和领导风格，有助于组织建设和发展。管理学对决策制定至关重要。它涉及如何有效地分析问题、制定目标、制定策略、评估风险和做出决策。

管理学研究决策过程中的心理和行为因素，为决策者提供了更好的决策支持工具和方法。它还涵盖了项目管理、时间管理和资源分配等方面，有助于优化决策制定过程。

　　管理学在领导力方面具有广泛应用。它研究领导者的特质、技能和行为，以及如何有效地激发员工的潜力。管理学帮助领导者发展领导风格、沟通技巧和团队管理能力。领导者的成功与否对组织绩效和员工士气有着深刻影响，因此管理学在提高领导力素养方面有着至关重要的作用。管理学也涉及创新和创业。它研究如何促进创新文化、管理创新项目和推动创新战略。管理学为创业者提供了创业过程中的指导原则和最佳实践，有助于创业企业的成功。创新和创业是推动经济增长和社会发展的重要动力，管理学在这方面发挥着关键作用。管理学的重要性和应用是多方面的。它不仅有助于组织有效管理资源和人力，还提供了决策制定、领导力、创新和创业等关键领域的指导和支持。管理学对于组织、领导者、决策者和创业者都具有深远的影响，有助于实现组织的成功和社会的进步。因此，管理学是一门不可或缺的学科，对个人和社会都具有重要价值。

　　管理学在帮助管理者更好地理解组织运营、改进决策和提高领导能力方面发挥着至关重要的作用。它不仅为管理者提供了理论框架，还提供了实际应用的最佳实践，使他们能够更有效地应对各种挑战，无论是日常的操作问题还是战略性的决策。管理学为管理者提供了有关组织运营的深刻理解。通过学习管理学的基本概念和原则，管理者能够更深入地理解组织的结构、流程和运作方式。他们可以了解不同职能部门之间的相互关系，资源的分配和利用，以及如何协调和管理各种组织活动，有助于提高组织的效率和效益。管理学为决策制定提供框架和方法。管理者通常要在不同的情境下做出各种各样的决策，涵盖从日常经营到长期战略的各个层面。管理学教授管理者决策分析、问题解决和风险管理等关键技能，使他们能够更好地权衡各种因素，并做出明智的决策。这有助于提高组织的决策质量和执行能力。

　　管理学还强调领导和管理的重要性。管理者需要具备领导能力，以激励和激发团队，引导他们朝着共同的目标努力。管理学教授管理者领导原则、沟通技巧和团队建设等关键概念，有助于他们提高领导能力和团队协作。这对于组织的成功和员工的发展至关重要。管理学还关注组织的战略规划和发展。管理者需要能够制定和执行战略，以确保组织在竞争激烈的市场中取得成功。管理学提供了有关市场分析、竞争战略和业务发展的知识，有助于管理者更好地规划和实施组织的战略。对管理者来说，管理学是一门非常重要的学科，管理学为他们提供了理论支持和实际指导，以更好地理解组织运营、改进决策和提高领导能力。管理学的原则和实践有助于管理者应对日常和战略性挑战，从而推动组织的成功和可持续发展。它是管理者不断发展和提高职业素养的重要资源。

三、管理学的应用领域

管理学的应用领域广泛多样，涵盖各个行业和组织类型。管理学的理论和原则在实际工作中发挥着关键作用，帮助组织有效运营、实现目标和提高绩效。

企业管理是管理学的一个重要应用领域。企业管理涉及组织的战略规划、资源分配、员工管理和绩效评估等方面。管理学提供了关于领导、决策、组织结构和市场营销等方面的指导，帮助企业领导者和管理者有效地管理和运营企业，提高竞争力。

项目管理也是管理学的应用领域之一。项目管理涉及规划、执行和监控项目，以确保项目按时、按预算、按质量完成。管理学提供了项目管理的方法和工具，帮助项目经理和团队协调工作，实现项目目标。

卫生管理是一个重要的管理学应用领域。在医疗领域，管理学原则用于协调医疗机构的运作、提高患者服务质量和控制成本。管理学的概念和技能有助于医疗管理者有效管理医院、诊所和卫生组织。

公共管理也是管理学的重要应用领域之一。公共管理涉及政府和非营利组织的运营和政策制定。管理学提供了关于政府管理、公共政策、资源分配和公共服务的指导，有助于提高公共部门的效率和效能。

教育管理也是一个管理学应用领域。学校和教育机构需要管理学的原则来组织学校管理、教育政策和师生关系。管理学的概念可帮助学校领导者和教育管理者更好地管理教育资源和提高教育质量。

管理学的应用领域广泛，包括企业管理、项目管理、卫生管理、公共管理和教育管理等多个领域。管理学的理论和原则为各种组织和行业提供了有价值的指导，有助于提高组织的绩效、效率和效益。这些应用领域中的管理者利用管理学的知识和技能来应对挑战，实现成功和可持续的发展。

（一）组织管理

管理学作为一门学科，在组织管理领域有着广泛的应用。组织管理是指如何规划、组织、领导和控制组织内部的各项活动和资源，以实现组织的目标和使命。

组织结构设计是组织管理的核心之一。管理学提供了有关组织结构设计的原则和模型，帮助组织确定最佳的组织形式和层次结构。这包括确定部门设置、权力分配、职责划分和沟通流程等方面的决策。通过合理的组织结构设计，组织可以提高效率、降低成本并更好地适应变化。

人力资源管理是管理学在组织管理中的另一个重要应用领域。管理学提供了有关招聘、培训、绩效评估、薪酬管理和员工关系的最佳实践和方法。管理者可以利用这些原则来吸引、留住和激励高素质的员工，从而提高组织的绩效和竞争力。绩效评估是管理学在组织管理中的关键组成部分。管理学提供了有关如何制定绩效指标、进行绩效评估和提供反馈的指导。绩效评估有助于管理者了解员工的表现，识别强项和改进空间，并为员工提供发展机会。

决策制定也是管理学在组织管理中的核心应用之一。管理学提供了决策模型、分析工具和决策制定流程，以帮助管理者在不同情境下做出明智的决策。这包括日常运营决策、战略规划决策和危机管理决策等。

战略规划是管理学在组织管理中的战略性应用。管理学提供了有关如何制定和实施战略规划的指导原则。战略规划涉及目标设定、环境分析、竞争分析和资源分配等活动，有助于组织在竞争激烈的市场中找到成功的道路。

管理学在组织管理领域有着广泛的应用。它提供了指导原则和最佳实践，帮助组织有效地管理其资源和人员，实现组织的长期目标和使命。管理学的知识和工具为管理者提供了有力的支持，帮助他们应对不断变化的组织挑战，推动组织的成功和可持续发展。

（二）领导与领导力

管理学在领导力的研究和应用方面起着关键作用。领导力是组织成功的关键要素之一，它涉及领导者的能力和技能，以激励、指导和影响员工，使他们共同努力实现组织的目标。

管理学为领导者提供了丰富的领导理论和实践，以提高其领导能力和有效地应对不同情境。管理学关注领导者的特质和行为。特质理论研究领导者的个人特征，如自信、决心和社交技能，以及这些特质对领导成功的影响。行为理论则研究领导者的具体行为，如任务导向行为和人际关系导向行为，以及这些行为对员工绩效和团队效能的影响。这些理论帮助领导者了解自己的优势和改进领导风格。

管理学探讨了不同领导风格和模型。为事务型领导、变革型领导、情境领导、分布式领导等领导模型提供的不同方法和策略，适用于不同的情境和组织需求。领导者可以根据具体情况选择合适的领导风格，以达到最佳效果。管理学强调领导与团队合作和员工发展的关系。领导者需要建立良好的工作关系，鼓励员工参与决策，提供支持和反馈，以增强员工的工作满意度和绩效。

管理学还提供了有关领导者如何培养和发展员工的方法，以建立有能力的团队。管理学强调了领导者在变革管理中的作用。变革管理是组织发展中的重要环节，领导者需引领组织适应变化，管理抵抗和不确定性。管理学提供了变革管理的策略和最佳实践，帮助领导者成功地推动变革和创新。

管理学为领导者提供了广泛的领导理论和实践，以提高其领导能力和有效地应对组织的挑战。领导力的研究和应用有助于组织建立强大的领导团队，提高绩效，实现战略目标，并持续发展。领导者可以从管理学中汲取知识和经验，不断提升自己的领导技能，为组织的成功做出重要贡献。

（三）项目管理

项目管理是管理学领域中的一个特殊领域，它专注于规划、执行和监控项目的活动。项目管理涉及一系列方法和工具，旨在协调资源、时间和成本，以实现项目的特定目标和交付可衡量的成果。管理学为项目管理提供了理论框架和实践指南，有助于项目经理有效地完成任务，控制成本和时间，以确保项目成功完成。

项目管理涉及项目计划的制订。包括确定项目的范围、目标和可交付成果，明确项目的关键任务和里程碑，制订项目进度表和资源计划。管理学为项目计划提供方法和工具，如项目章程、工作分解结构（WBS）、关键路径分析和资源分配，以帮助项目经理制订详细的计划。

项目管理涉及项目的执行。在这个阶段，项目经理需要协调团队成员的工作，监督项目的进展，确保任务按计划执行。管理学强调领导力、团队协作和决策制定在项目执行中的重要性。项目经理还需要解决问题、应对风险，并与利益相关者保持有效的沟通。

项目管理包括项目的监控和控制。项目经理需要定期评估项目的进展，比较实际进度与计划进度，识别潜在问题和风险。管理学提供了项目绩效测量、变更管理和问题解决的方法，以确保项目保持在正确的轨道上，并采取必要的纠正措施。

管理学为项目管理提供了一系列工具和技术，如项目管理软件、绩效指标、质量管理方法等，以帮助项目经理有效地管理项目。管理学也强调了项目管理中的领导能力、沟通技巧、团队建设和决策制定等关键技能。项目管理是管理学的一个特殊领域，它涵盖了项目计划、执行和监控。管理学提供了理论基础和实践指南，有助于项目经理有效地管理项目资源、时间和成本，以实现项目目标。项目管理是当今组织中不可或缺的一部分，有助于实现项目的成功完成，并提高组织的效率和竞争力。

第三节　管理学的未来发展趋势

管理学的未来发展呈现出多个重要趋势。全球化将继续推动管理学的发展。企业在全球范围内开展业务，需要跨文化管理和国际合作能力。管理学将更关注全球市场、国际竞争和跨境领导力的研究。科技创新将深刻改变管理学的面貌。人工智能、大数据分析和自动化技术将在组织管理、决策制定和领导力方面发挥关键作用。管理学将不断研究如何最好地利用和适应这些新技术，以提高效率和创新能力。

可持续发展和社会责任将成为管理学的核心关注点。企业将更多地考虑环境、社会和治理（ESG）因素，以推动可持续发展和社会正义。管理学将研究如何在商业决策中融入可持续性原则，并促进社会和环境的积极影响。

领导力和团队管理将继续受到重视。管理学将关注领导者的发展、领导风格的多样性以及高效团队的构建和管理。企业需要具备卓越领导和团队合作的能力来应对竞争和变革。

创新和创业将持续推动管理学的发展。创新不仅涉及产品和服务，还包括组织结构、业务模型和管理实践的创新。管理学将探讨创新的驱动因素、创业家精神和创新文化的建立。

管理学的未来发展将受到全球化、科技创新、可持续发展、领导力和团队管理、创新和创业等多个重要趋势的影响。管理学将不断适应和研究这些趋势，以满足不断变化的商业环境和组织需求。管理学的进步将有助于更好地应对未来的挑战和机遇。

一、数字化和技术驱动的管理

数字化和技术驱动的管理已经成为现代组织和企业成功的关键因素之一。这一管理方法涵盖了广泛的技术和数字工具的应用，对组织的运营方式和业务模式产生了深远的影响。

数字化和技术驱动的管理改变了信息和数据的处理方式。现代组织能够采集、存储和分析大量的数据，进而更好地了解市场趋势、客户需求和业务绩效。这种数据驱动的管理方式使决策更加基于事实和证据，有助于提高决策的质量和准确性。

数字化和技术驱动的管理推动了自动化和智能化的发展。自动化流程和机器学习技术可以取代重复性的任务和决策，提高效率和生产力。例如，自动化的生产线可以减少人工错误，智能算法可以优化供应链和库存管理。

数字化和技术驱动的管理拓宽了组织的市场和客户接触渠道。通过社交媒体、电子商务平台和移动应用，企业可以更直接地与客户互动，了解其需求并提供个性化的产品和服务。这增强了客户满意度，也促进了市场份额的增长。数字化和技术驱动的管理加强了协作和沟通。云计算和协作工具使团队能够实时共享信息和合作，无论他们身处何处。这种灵活性有助于提高团队效率和创新能力。

数字化和技术驱动的管理推动了新业务模式的发展。共享经济、订阅服务和平台化业务模式等新兴趋势正在改变市场格局。组织可以利用这些趋势来创造新的商机和增长点。

数字化和技术驱动的管理已经深刻改变了现代组织的方式和方法。它使组织更具竞争力，更适应不断变化的商业环境。数字化和技术驱动的管理是一种必要的战略，有助于组织实现更高的效率、创新和市场竞争力的提高。这一管理方式将继续塑造未来组织和企业的成功。

（一）数字化转型

未来管理学将迎来一场数字化转型的浪潮，这将深刻地改变管理理论和实践。信息技术、大数据分析、人工智能和区块链等技术将成为管理工具的核心，为企业和组织提供前所未有的机会和挑战。信息技术的广泛应用将使管理过程更加高效和灵活。云计算、协作工具和企业资源计划（Enterprise Resource Planning，ERP）系统等技术将使组织能够更好地管理信息和资源。管理者可以实时访问关键数据，快速做出决策，加强团队协作，并迅速适应市场变化。大数据分析将成为管理决策的重要支持工具。大数据技术可以帮助管理者更好地理解市场趋势、客户需求和竞争环境。通过分析海量数据，管理者可以发现隐藏的模式和机会，以更好地制定战略和优化运营。人工智能将在管理中发挥越来越重要的作用。人工智能可以用于完成自动化任务、智能客户服务、预测性分析和风险管理等方面。管理者可以利用人工智能来提高决策的准确性，并实现更高效的业务流程。区块链技术将改变金融和供应链管理领域。区块链提供了安全、不可篡改的交易记录，有助于减少欺诈和提高透明度。管理者可以利用区块链来改进供应链跟踪、合同管理和支付处理等方面的操作。

未来管理学还将更加关注数字化领导力和组织文化的建设。管理者需要具备数字化素养，能够引导组织有效地利用新技术。管理者需要倡导创新和适应性文化，以便组织能够适应不断变化的数字化环境。未来管理学将面临数字化转型的挑战和机遇。信息技术、大数据分析、人工智能和区块链等技术将成为管理的核心工具，为组织提供了更多的数据和洞察力，有助于更智能、更敏捷和更创新的管理。管理学将不断演进，以适应数字化时代的管理需求，并为组织和管理者提供更多的支持和指导。

（二）虚拟团队和远程工作

科技的迅速发展正在改变工作方式，使虚拟团队和远程工作变得更为普遍。管理学为这一领域提供了关键的洞察和方法，以帮助领导者有效地领导和协调分散的团队，并保持员工的参与和协作。

管理学研究了虚拟团队和远程工作的挑战，包括跨地域沟通、时区差异、文化差异、团队协作工具的使用等。了解这些挑战有助于领导者更好地应对它们，制定适当的策略和流程。管理学探讨了有效的远程领导和协调方法。领导者需要学会建立信任、设定清晰的期望、定期沟通、提供支持和反馈，以确保远程团队的高效运作。管理学为如何管理远程员工和团队提供了最佳实践，包括使用虚拟会议工具、在线项目管理和远程协作平台等。管理学强调了员工参与和协作的重要性。虚拟团队和远程工作环境可能会导致员工感到孤立和缺乏参与感。管理学提供了有关如何激励员工参与和建立团队凝聚力的方法，包括鼓励分享想法、提供培训和发展机会，以及建立在线社交互动。

管理学还研究了虚拟团队和远程工作的绩效评估方法。领导者需要能够衡量团队的绩效，识别问题并制定改进措施。管理学为如何设置绩效指标、追踪工作进展和进行绩效评估提供了方法。管理学为领导者提供了在虚拟团队和远程工作环境中成功领导和管理的工具和方法。随着科技的不断发展，这些知识和技能对于组织的成功至关重要。管理者可以借助管理学的理论和实践，更好地应对分散团队和远程工作的挑战，提高团队绩效，并促进员工的积极参与和协作。这对实现组织的目标和提高竞争力具有重要意义。

（三）数据隐私和安全

随着数字化的普及，数据隐私和安全问题已经成为管理学领域的重要议题。管理学不仅需要关注如何有效地管理组织内部的数据，还需要研究如何保护和管理客户和员工的数据，以及如何应对潜在的网络威胁和数据泄露，这对组织的成功和声誉至关重要。

管理学将探讨数据隐私和合规性的问题。随着数据收集和处理的增加，组织需要确保其处理数据的方式符合法律法规，如欧洲的通用数据保护条例和美国的加州消费者隐私法。管理学将研究如何建立合规性框架、制定隐私政策和程序，并确保员工的培训和教育，以满足法律要求，同时保护客户和员工的数据隐私。管理学将关注数据安全和网络威胁的问题。随着数字化的扩张，组织面临着来自网络黑客、病毒、勒索软件等威胁的风险。管理学将研究如何建立强大的网络安全措施，包括防火墙、入侵检测系统、数据加密和访问控制。管理学还将研究如何应对潜在的数据泄露事件，包括应急响应计划、危机管理和公共关系策略。管理学将强调数据伦理和道德的重要性。

在数字化时代，数据不仅是一种有价值的资产，还涉及个人隐私和社会伦理。管理学将研究如何处理敏感数据、数据收集的透明度、数据使用的道德标准，以及如何建立可信赖的数据管理文化。组织需要积极维护数据伦理，以赢得客户和员工的信任。管理学将强调数据管理的重要性。有效的数据管理涉及数据的收集、存储、分析和共享。管理学将研究如何建立数据质量标准、数据仓库、数据分析工具和数据治理流程，以确保数据的准确性、一致性和可用性。数据管理有助于组织更好地利用数据资产，支持决策制定和业务创新。

二、可持续发展和社会责任

可持续发展和社会责任是当今社会和企业面临的重要问题。可持续发展意味着满足当前需求，同时不损害未来世代的需求。社会责任涉及企业对社会和环境的积极影响，超越了纯粹经济的利润追求。当今世界，人们越来越认识到资源有限和环境脆弱性，可持续发展也因此变得至关重要。企业不仅需要在经济上盈利，还需要考虑其活动对环境的影响。包括减少排放、提高资源利用效率、采用可再生能源等可持续实践。同时，企业应积极履行社会责任，包括支持社区发展、提供员工福利和关注社会公益事业。社会责任不仅有助于提升企业的声誉，还有助于建立积极的企业文化。

可持续发展和社会责任的实践也为企业带来了商业机会。消费者越来越关注可持续产品和服务，企业通过提供这些产品和服务可以满足市场需求。同时，可持续发展实践有助于降低成本，提高效率，增强企业的竞争力。政府和国际组织也对可持续发展提供支持和奖励，鼓励企业采取可持续实践。可持续发展和社会责任已经成为企业不可或缺的一部分。它们不仅有助于保护环境和满足社会需求，还为企业创造商业价值和竞争优势。在一个日益全球化和互联的世界中，企业应该将可持续发展和社会责任视为长期成功的关键因素，并将其融入战略决策和业务实践中。这不仅有助于企业的可持续发展，也有助于社会的繁荣和进步。

（一）社会责任和多元文化管理

未来的管理学将在许多方面发展和演变，其中包括社会责任和多元文化管理。管理学将强调社会责任，尤其是企业的社会影响和社区参与。这反映了社会对企业更大的责任感和可持续经营的需求。未来的管理学将鼓励企业采取更多的社会和环境可持续性举措,以减少负面影响,提高企业的社会声誉,并实现长期价值。管理者需要更加注重社会和环境因素,制定战略和政策,以满足社会期望,并在社区中建立积极的影响。多元文化管理将成为管理学的一个重要领域。全球化使组织面临来自不同文化背景的员工和客户,因此跨文化沟通、多元团队的领导和包容性领导力将成为重要的管理技能。未来的管理学将强调尊重和理解不同文化的重要性,以建立多元文化的工作环境,并充分发挥多样性的优势。管理者需要学会适应不同文化的工作方式和价值观,以实现跨文化团队的成功,并确保所有员工都能发挥最大潜力。

管理学还将关注可持续性管理和伦理决策。管理者需要权衡短期利益和长期可持续性,以确保组织的长期成功。伦理决策将成为管理实践中的重要组成部分,管理者需要在道德和商业之间取得平衡,以避免不当行为和声誉风险。数字化技术和数据管理也将成为管理学的关键领域。管理者需要善于利用数据分析和技术工具来做出决策,同时保护个人隐私和数据安全。数据驱动的决策将成为管理的常规做法,有助于提高效率和效果。未来的管理学将更加注重社会责任、多元文化管理、可持续性和数字化技术。这些趋势反映了不断变化的管理环境和社会期望,管理学将不断演进以适应这些挑战和机遇。管理者需要不断学习和发展新的技能,以应对未来的管理挑战,并推动组织朝着可持续和社会负责的方向前进。

(二)碳中和和绿色技术

管理学正在逐渐转向关注碳中和和绿色技术的管理,这反映了企业和组织在面对气候变化和可持续发展问题时的新挑战和机遇。这一领域的研究和实践涉及多个方面,包括环境可持续性、能源管理、碳足迹减少以及采用绿色技术的策略和实施。管理学关注环境可持续性的重要性。企业和组织越来越意识到他们的经营活动对环境的影响,因此管理学研究如何有效地降低碳足迹、减少资源浪费、降低污染排放等方面的方法。包括采用可持续的供应链管理、资源管理和废物管理实践,以确保企业在环境方面的可持续性。能源管理是一个重要的领域。管理学研究如何有效地管理和利用能源资源,包括采用可再生能源、能源效率改进、智能能源系统等技术。能源管理的有效实施可以降低能源成本,减少碳排放,同时提高企业的竞争力。

管理学对如何测量、监测和减少企业的碳足迹进行了研究，通过减少温室气体排放来实现碳中和目标。这包括采取节能措施、推动绿色交通、改善供应链可持续性等。绿色技术的采用是管理学领域的一个关键焦点。企业正在积极探索和采用新的绿色技术，如可再生能源、电动车辆、智能建筑和可持续农业技术，以降低环境影响并满足可持续发展目标。管理学研究了如何有效地整合这些绿色技术到组织的战略和运营中，以实现长期的可持续性。管理学正在积极关注碳中和绿色技术的管理，这是企业和组织在应对气候变化和可持续发展挑战时的重要议题。管理者需要关注环境可持续性、能源管理、碳足迹减少和绿色技术的采用，以确保组织在可持续性方面取得成功，并在市场中保持竞争力。这些领域的研究和实践对于塑造未来的企业和社会都具有深远的影响。

三、领导力和人才管理

领导力和人才管理是组织成功和持续增长的关键要素。领导力涉及领导者的能力和特质，以有效地引导团队实现共同的目标。人才管理涉及吸引、培养和保留高素质的员工，以确保组织的长期竞争优势。优秀的领导者能够制定清晰的愿景和战略，激发团队成员的潜力，提供指导和支持，以实现组织的目标。领导力还涉及有效的决策制定、问题解决和危机管理。领导者的行为和领导风格对组织文化和员工士气有深远影响，影响着组织的绩效和成功。吸引、培养和保留高素质的员工对于组织的可持续发展至关重要。人才管理包括招聘、培训、绩效评估、薪酬福利、职业发展等方面。优秀的人才管理能够确保组织拥有具备必要技能和经验的员工，有助于提高生产力和创新能力。同时，它还能够提高员工满意度，减少员工流失率，降低用工成本。

领导者在人才管理中发挥着关键作用，他们需要识别、培养和激发团队成员的潜力。领导者还需要为员工提供指导和发展机会，以帮助他们实现职业目标。同时，人才管理也为领导者提供了具备必要技能和素质的团队成员，推动领导者的领导力发挥。在竞争激烈的现代商业环境中，领导力和人才管理不仅仅是管理学科的研究领域，更是组织成功的关键。优秀的领导者能够建立高绩效的团队，创造创新和卓越，为组织带来竞争优势。同时，精明的人才管理能够确保组织拥有高素质的员工队伍，有助于应对市场变化和挑战。

因此，领导力和人才管理在组织和管理领域中具有不可替代的地位，是实现组织长期成功的重要因素。

（一）领导力发展

领导力发展将成为未来管理学的关键焦点。管理学将不断研究和探索新型领导模式，以适应不断变化的管理环境和挑战。变革型领导将受到更多关注。变革型领导强调领导者的能力，激发员工的创新和变革意愿，以推动组织朝着更加创新和敏捷的方向前进。管理学将研究变革型领导的关键特质和行为，以帮助领导者更好地引导组织适应快速变化的市场和技术趋势。情感智力（Emotional Intelligence，EI）将成为领导力发展的重要组成部分。情感智力涉及领导者的情感意识、情感管理、社交意识和关系管理等方面的能力。管理学将研究如何培养和发展领导者的情感智力，以帮助他们建立更强的人际关系，增强团队合作，提高员工满意度和绩效。

数字领导力将在数字化时代成为关键。数字领导力涉及领导者对数字技术的理解和运用能力，以推动数字化转型和创新。管理学将研究数字领导力的核心要素，包括数据分析、数字战略制定和信息安全等方面的技能。领导者需要不断学习和适应新的数字工具和技术，以实现数字化时代的成功领导。领导者的伦理和社会责任也将受到更多关注。管理学将强调领导者的道德和伦理决策，以确保组织在商业成功的同时，也履行其社会和环境责任。领导者需要领导组织走向可持续发展，避免不当行为和道德风险。领导者的学习和发展将成为管理学的重要主题。领导者需要持续学习和提升自己的领导技能，以适应不断变化的管理环境。管理学将提供领导发展计划和培训，帮助领导者不断成长和发展。领导力发展将是未来管理学的一个重要方向。管理学将研究新型领导模式，如变革型领导、情感智力和数字领导力，帮助领导者更好地应对管理挑战并引导组织取得成功。领导者需要不断学习和发展，适应不断演变的管理环境，并在领导力方面展现出卓越的能力。

（二）人才管理和组织文化

人才管理一直是管理学的重要焦点，而随着竞争日益激烈和人才市场的不断变化，研究和实践将在这个领域继续扮演重要角色。在未来，管理学将深入研究如何吸引、培养和保留人才，以及如何塑造健康的组织文化，吸引人才将成为一个核心议题。企业竞争激烈，吸引高素质的人才对取得竞争优势至关重要。管理学将研究如何制定吸引人才的战略，包括招聘策略、品牌建设、福利和激励机制等。同时，研究还会关注如何适应不同时代和文化的需求，以吸引多样化的人才。培养和发展人才将是关键。一旦吸引到了人才，管理学将关注如何通过培训、发展和教育来提高他们的能力和技能，包括员工的职业发展规划、绩效评估和反馈机制，以确保他们在组织中持续成长，并为组织的成功做出贡献。

保留人才也是一个重要问题。管理学将研究如何创建有吸引力的工作环境，提供职业发展机会，并建立积极的员工关系，以减少人才流失。研究还会关注如何制定激励计划和晋升机制，以激励员工留在组织内部。塑造健康的组织文化将是管理学的持续关注点。健康的文化有助于提高员工满意度、绩效和创新力。管理学将研究如何建立具有价值观、目标和共鸣的文化，以推动组织的长期成功。人才管理是管理学持续关注的核心议题。吸引、培养和保留人才，以及塑造健康的组织文化，是组织取得竞争优势和可持续发展的关键因素。管理学将不断研究和推广最佳实践，帮助管理者更好地应对人才管理挑战，并为组织的成功做出贡献。这一领域的发展将持续反映现代工作环境和员工需求的变化。

（三）教育和培训

管理学强调终身学习和领导者的教育培训，是为了应对不断变化的商业环境和迎接未来的挑战。在当今飞速发展的经济和技术环境中，管理学将持续提供最新的管理技能和知识，以确保领导者和管理者具备适应性和竞争力。终身学习是管理学的核心理念之一。管理学将鼓励领导者和管理者不断提升自己的技能和知识，以适应快速变化的商业环境，包括学习最新的管理理论、最佳实践和行业趋势。管理学将提供各种学习机会，包括培训课程、研讨会、在线课程、导师制度等，以满足管理者的学习需求。

领导者的教育培训将成为管理学的重要组成部分。管理学将致力于培养未来的领导者，帮助他们发展领导力技能、团队管理能力和战略思维。领导者的教育培训将注重实际问题解决、决策制定和沟通技巧等关键领导素养。这有助于塑造具备卓越领导力的管理者，他们能够引领组织应对不断变化的挑战。在竞争激烈的商业环境中，创新和创业能力对组织的成功至关重要。

管理学将为管理者提供创新思维和创业精神的培训，帮助他们发现新的商机、改进业务模型，以及推动组织创新和增长。管理学将关注领导者的社会责任和伦理。在全球化和社会问题愈加重要的情况下，领导者需要具备社会责任意识，考虑组织的社会和环境影响。管理学将提供教育和培训，强调可持续发展和社会正义的重要性，鼓励领导者在业务决策中考虑更广泛的影响。管理学将继续强调终身学习和领导者的教育培训，确保管理者能够适应不断变化的商业环境。这将涵盖最新的管理技能、领导力发展、创新和创业，以及社会责任和伦理。管理学的使命是为领导者提供知识和工具，使他们能够在不断演化的商业世界中成功地引领组织前进。通过终身学习和教育培训，管理学将助力领导者不断成长和发展，为组织的繁荣和可持续发展做出贡献。

第三章　管理会计与财务会计的融合机理

第一节　管理会计与财务会计的关系

管理会计与财务会计密切相关，但在目标、方法和受众等方面存在差异。它们共同构建了组织内部和外部的会计体系，为管理和决策提供了不同层面的信息支持。管理会计和财务会计的目标不同。财务会计的主要目标是提供对组织整体财务状况的记录和报告，以满足外部利益相关者（如股东、债权人、政府、投资者等）的需求，以便他们可以做出决策。财务会计强调信息的准确性和依从性，遵循通用的会计准则和法规。

此外，管理会计更侧重于提供内部管理和决策支持。它的目标是为管理层提供有关组织内部经济活动和资源利用情况的信息，以帮助他们优化资源分配、制定策略、控制成本和提高效率。管理会计强调信息的时效性和适应性，通常根据管理需求定制而非受通用会计准则的限制。管理会计和财务会计的方法和报告方式也存在差异。在财务会计中，报表如资产负债表、损益表、现金流量表等以一定的会计规则和原则编制，以呈现组织的财务状况和业绩。这些报表通常是为了外部审计和监管而设计，具有一定的格式和标准。

而在管理会计中，信息的形式和内容通常更为灵活，可以根据管理层的需求进行定制。管理会计包括成本分析、预算制定、绩效评估、投资分析等多种工具和技术，以便为管理决策提供更具体的信息。管理会计也更注重内部报告，以便管理层更好地理解和掌握组织的运营情况。受众不同也是管理会计与财务会计的显著区别。财务会计的信息主要面向外部利益相关者，如股东、投资者和监管机构。而管理会计的信息主要服务于组织内部的管理层，包括高管、部门经理和决策者。管理会计信息通常更具体、更详细，以满足内部管理的需求。

总的来说，管理会计与财务会计虽然在会计领域中密切相关，但它们的目标、方法和受众存在明显差异。财务会计关注外部报告和依从性，而管理会计关注内部决策支持和管理优化。这两者共同构成了组织内部和外部的会计体系，为组织的成功和可持续发展提供了不同层面的信息支持。

一、管理会计和财务会计的基本概念

管理会计和财务会计是会计领域中两个核心的概念，它们在会计实践中扮演着不同但互补的角色。财务会计通过一系列会计程序，记录、总结和报告组织的财务交易和经济活动。其核心目标是为了提供有关组织财务状况和业绩的信息，以供外部利益相关者（如股东、债权人、政府、投资者等）做出决策。财务会计通常遵循会计原则和准则，例如权责发生制、历史成本原则和货币计量原则。其主要输出是财务报表，包括资产负债表、损益表、现金流量表和股东权益变动表，这些报表提供了组织财务状况的快照。

管理会计则更注重为内部管理和决策提供信息支持。它是一种定制化的会计体系，致力于为管理层提供有关组织内部经济活动和资源利用情况的信息。管理会计的核心目标是帮助管理者优化资源分配、制定策略、控制成本、评估绩效和做出决策。与财务会计不同，管理会计的信息通常更灵活、更详细，可以根据管理层的需求进行定制。管理会计工具包括成本分析、预算制定、绩效评估、投资分析和决策支持系统等。财务会计和管理会计还在受众方面存在显著差异。财务会计的信息主要服务于外部利益相关者，如股东和投资者，以满足法律法规和审计要求。管理会计的信息主要服务于组织内部的管理层，帮助他们更好地理解和掌握组织的运营情况，以便更好地做出战略性和操作性决策。财务会计和管理会计是两个重要但不同的会计概念。财务会计着眼于提供外部报告和满足法律法规的要求，而管理会计关注为内部管理和决策提供信息支持。它们共同构建了组织内部和外部的会计体系，为组织提供了不同层面的信息支持，有助于实现有效的财务管理和战略规划。

（一）管理会计的定义

管理会计是会计的一个重要分支，其设计初衷是为了满足内部管理层的需求，以支持决策制定和资源控制。管理会计不同于财务会计，它更关注内部报告和提供深入的、详细的信息，旨在帮助管理层更好地理解组织的经济活动和资源利用情况，进而更有效地管理组织。

管理会计关注成本信息。它追踪和记录组织的各种成本，包括直接成本（如原材料、劳动力）、间接成本（如间接劳动力、设备折旧）以及固定成本和可变成本等。这些成本信息对决策制定至关重要。管理层需要了解不同成本的构成，以便在制定价格、产品定价和资源分配时做出明智的决策。

管理会计关注利润信息。它分析和报告组织的利润情况，包括毛利润、净利润和各种经济利润指标。管理层需要了解组织的盈利能力，以便评估业务的健康状况，并制定战略和经营计划。管理会计还关注绩效信息。它评估和报告组织的绩效，包括生产效率、销售绩效、员工绩效等方面的数据。这有助于管理层识别问题领域，改进业务流程，提高绩效水平，并制定激励措施。

管理会计关注资源利用信息。它跟踪和报告组织的资源利用情况，包括资本、劳动力和其他资源。管理层需要了解资源的利用效率，以便做出资源分配和投资决策，以最大限度地提高组织的效益。最重要的是，管理会计为管理层提供了定制化的、详细的信息，以支持决策制定和绩效评估。这些信息通常根据管理层的需求进行定制，可以包括成本报告、预算和业务分析等工具。管理会计旨在提供更深入的洞察，帮助管理层更好地理解组织内部的经济活动，并采取适当的措施来优化业务运营。管理会计是为了帮助内部管理层做出决策和控制组织资源而设计的会计分支。它关注成本、利润、绩效和资源利用等方面的详细信息，以支持管理层的决策制定和绩效评估，有助于组织更有效地管理其业务和资源。

（二）财务会计的定义

财务会计是一门旨在满足外部利益相关者需求的重要会计分支。其核心任务包括编制财务报表，其中包括资产负债表、损益表和现金流量表等，以向外部利益相关者报告企业的财务状况和业绩情况。财务会计的一个重要目标是提供关于企业财务状况的准确和可靠信息。包括企业拥有的资产和负债的详细记录，以及收入和费用的清晰呈现。这种信息对于外部利益相关者，特别是投资者和债权人，至关重要。他们需要了解企业的健康状况，以做出投资或借贷的决策。财务会计为外部利益相关者提供了对企业经营绩效的洞察。通过损益表，投资者和股东可以了解企业在特定时期内的盈利能力。现金流量表则提供了企业现金流入和流出的信息，这对债务偿还和投资计划的评估非常重要。财务会计还有助于税务机构监督企业的税务合规性。税务机构需要财务报表上报的信息来核实企业的所得税申报，并确保企业按照税法规定缴纳税款。

财务会计为公司的股东提供了对其投资的透明度。通过分析资产负债表，股东可以了解他们的股权在企业总资产中的份额。这有助于评估企业的价值和投资回报。财务会计是一门为满足外部利益相关者（如股东、投资者、债权人和税务机构）的需求而设计的会计分支。它通过编制财务报表，如资产负债表、损益表和现金流量表，向外部利益相关者提供有关企业财务状况和业绩的关键信息。这些信息对投资决策、债务管理和税务合规性都具有重要意义，为外部利益相关者提供了对企业的透明度和信心。

（三）区别

管理会计和财务会计在多个方面存在明显的区别，包括目标、受众、时间间隔和报告方式。这些区别反映了它们各自在组织内部和外部的不同角色和职能。

目标不同。管理会计的主要目标是为组织内部管理决策提供支持。它关注的是帮助管理者了解和优化组织的运营情况，以实现长期和短期目标。管理会计的数据和报告通常针对特定的管理问题，例如成本控制、绩效评估、预算管理等。这使得管理会计更加灵活，能够适应不同的管理需求。财务会计则更专注于为外部利益相关者提供信息。其主要目标是编制财务报表，以满足股东、投资者、监管机构等外部受众的需求。财务会计需要遵循一致性的会计准则和法规，以确保报告的准确性和可比性。因此，它的报告方式更加标准化，通常以年度为单位进行。

受众不同。管理会计的主要受众是内部管理层和部门，他们需要财务信息来做出战略决策、资源分配和绩效评估。财务会计的受众包括外部利益相关者，如股东、潜在投资者、债权人和监管机构，他们依赖财务报表来评估组织的财务状况和业绩。

时间间隔不同。管理会计通常涉及短期决策和操作性问题，因此其时间间隔较短，可以涵盖小时、天、周或月。财务会计涉及更长期的财务报告，通常以年度为单位，以便提供全年的财务概览和比较。报告方式存在差异。

管理会计报告通常是定制化的，根据管理层的具体需求和问题而灵活调整。

报告可以包括各种成本、效益和绩效指标，以满足管理决策的要求。财务会计报告则遵循一致性的会计准则，包括资产负债表、损益表和现金流量表等标准财务报表。

管理会计和财务会计在目标、受众、时间间隔和报告方式等方面存在区别反映了它们各自的职能和角色，管理会计更注重内部管理决策，而财务会计更专注于外部报告和合规性。这两个领域在组织中发挥着不可或缺的作用，共同为组织的成功和可持续增长提供了支持。

二、管理会计在决策和控制中的应用

管理会计在企业中的应用至关重要，它主要用于支持决策制定和内部控制。管理会计通过提供精确的财务信息、成本分析和预测数据，帮助管理者更好地理解和管理组织的经济活动。管理会计在决策中的应用包括制定战略决策、产品定价、资源分配和市场扩展等。管理会计通过收集和分析财务数据，帮助管理者识别潜在的机会和风险，制定战略方向。例如，通过成本分析，管理会计可以帮助企业确定最佳的成本结构，制定定价策略，以提高竞争力。管理会计用于内部控制，以确保组织的经济活动合规、高效和可持续。管理会计可以追踪和监控资源的使用情况，包括人力资源、资本和物料。这有助于管理者确保资源的合理分配，降低浪费，提高生产力。同时，管理会计还可以制定预算、设定绩效指标和监控实际绩效，以确保组织达到预期目标。

管理会计在项目管理中发挥了关键作用。它可以用于估算项目成本、计划资源分配和监控项目进度。管理会计为项目经理提供了决策支持，帮助他们在项目执行过程中做出适当的调整和决策，以确保项目按计划顺利完成。管理会计还涉及绩效评估和绩效改进。通过制定绩效指标和比较实际绩效与预期绩效，管理会计可以帮助组织识别问题领域，并制定改进措施。这有助于持续改进组织的运营效率和质量。管理会计在企业中的应用对于决策制定和内部控制至关重要。它为管理者提供了有关经济活动的关键信息，帮助他们制定战略、合规运营、提高生产力和管理项目。管理会计的应用有助于组织更好地适应不断变化的商业环境，取得竞争优势，实现长期成功。

（一）决策支持

管理会计作为决策支持的工具在组织内部扮演着至关重要的角色。它通过分析各种关键数据和信息，为管理层提供了深刻的洞察，帮助他们做出战略性和操作性决策，以优化组织的绩效和效率。管理会计分析成本信息。它追踪和记录不同成本项目的构成，包括直接成本、间接成本、固定成本和可变成本等。通过对成本的详细分析，管理会计可以帮助管理层确定产品或服务的制造成本，从而支持产品定价策略的制定。管理层可以利用这些成本信息来确定最具竞争力的价格，以在市场中取得优势。管理会计分析效益和利润信息。它评估不同产品、项目或业务单元的效益，帮助管理层确定哪些方面的业务活动对组织的利润贡献最大。这种分析有助于资源的优化分配，使管理层能够专注于高利润的业务领域，同时可能减少或改进低利润的领域。

管理会计还关注投资回报率。它可以评估不同投资项目的潜在回报，并帮助管理层决定是否进行投资。这种分析可以涵盖新产品开发、市场扩张、设备升级等各种投资决策。通过比较不同项目的潜在回报，管理层可以做出明智的投资决策，以最大限度地提高资本的使用效率。管理会计支持市场分析。它提供了关于产品销售、市场份额和客户需求等方面的信息，帮助管理层了解市场趋势并做出相应的战略决策。这种信息有助于组织调整产品组合、开发新市场、制定营销策略和应对竞争。管理会计作为决策支持的工具，通过分析成本、效益、利润、投资回报率等数据，为管理层提供关键的信息，帮助他们在不同领域做出明智的战略和操作性决策。管理会计的分析和报告有助于组织优化资源利用、提高绩效、实现可持续发展，并在竞争激烈的商业环境中取得成功。

（二）控制和绩效评估

管理会计在组织内部的资源和绩效控制中发挥着关键作用。它为管理层提供了有力的工具，帮助他们有效地管理和监控组织的运营情况。管理会计允许管理层比较实际绩效与预算。通过制定年度预算，组织能够明确规划资源的分配和目标的设定。管理会计负责跟踪实际绩效数据，包括收入、费用、利润等，然后与预算进行比较。这种比较有助于管理层识别偏差和异常，进而采取适当的行动来纠正问题。如果实际绩效低于预算，管理层可能需要削减开支或寻找增收机会，以保持财务健康。

管理会计支持制定绩效指标。为了评估组织的运营状况，管理层需要明确定义和跟踪关键绩效指标，包括生产效率、质量标准、客户满意度等。管理会计负责开发和维护这些绩效指标，确保它们与组织的战略目标一致。通过监控绩效指标，管理层可以了解组织在不同方面的表现，及时识别问题并采取改进措施。管理会计有助于监控关键绩效指标。除制定绩效指标外，管理层还需要实时监控这些指标的变化趋势。管理会计系统通常提供实时数据和报告，使管理层能够随时查看关键绩效指标的情况。这使他们能够迅速做出反应，及时纠正问题，确保组织朝着目标前进。

管理会计促进绩效改进。通过不断监控和评估绩效，管理层能够识别成功的实践和需要改进的领域。这鼓励组织采取积极措施，改善流程、提高效率和提高质量，以适应不断变化的市场和竞争环境。管理会计在组织内部的资源和绩效控制中发挥了关键作用。它通过比较实际绩效与预算、制定绩效指标、监控关键绩效指标和促进绩效改进，帮助管理层有效地管理和监控组织的运营情况。管理会计是实现组织目标和提高竞争力的不可或缺的工具。

（三）预算编制

预算编制是管理会计领域的一个关键应用，它在组织内部的规划和资源管理中扮演着重要的角色。管理会计为管理层提供了关于资源分配和成本控制的数据和工具，以帮助实现组织的长期和短期目标。预算编制是一种重要的规划工具。通过管理会计的支持，管理层可以制定年度预算，明确组织在财务和运营方面的目标和计划。预算为组织提供了框架，有助于确定资金分配、项目优先级和战略方向。它允许管理层在未来一年内对资源的使用进行计划和协调，以确保组织的发展和增长符合战略愿景。

管理会计可以提供关于资源分配的数据和建议。预算编制过程涉及对各项支出和收入的估算，管理会计通过提供历史数据和趋势分析，以支持这些估算的制定。管理会计还可以帮助管理层识别资源的最佳分配方式，以最大化效益并确保资源的充分利用。预算编制也是成本控制的重要手段。管理会计可以帮助管理层识别潜在的成本节约机会，并提供成本控制策略。通过设定预算限制和成本控制措施，组织可以确保在预算周期内有效地管理和控制支出，以避免浪费和超支。

管理会计还可以促进绩效评估和目标追踪。一旦预算制定完成,管理层可以使用管理会计的数据来跟踪实际绩效与预算之间的差距。这有助于及时识别问题并采取纠正措施,以确保组织在预算期间达到其目标。预算编制是管理会计的一个重要应用,它有助于管理层规划和分配资源,控制成本,实现组织的目标。管理会计通过提供数据和工具,帮助管理层在不断变化的商业环境中做出明智的决策,确保组织的长期成功和可持续增长。因此,管理会计在预算编制过程中发挥着至关重要的作用,为组织提供了有效的管理和规划工具。

三、管理会计与财务会计的互补性

管理会计和财务会计是两个在组织内部发挥互补作用的重要领域。它们共同为管理者提供了不同但互相关联的信息,以支持有效的决策制定和组织管理。管理会计关注内部决策和控制。它的重点在于提供有关组织内部运营和绩效的信息,以便管理者可以更好地规划、监控和改进业务流程。管理会计包括成本会计、预算管理、绩效评估等方面的内容,旨在帮助管理者了解资源利用情况、成本结构、生产效率和员工绩效。这种内部导向的信息对于优化资源分配、改进生产效率和制定战略计划至关重要。

财务会计则关注外部报告和财务披露。它的目标是提供给外部利益相关者,如股东、投资者、监管机构等的信息,以评估组织的财务状况和绩效。财务会计涉及资产、负债、所有者权益、利润损失等方面的报告,强调了合规性和透明度。这种外部导向的信息对于投资决策、融资、税务申报和法律合规性至关重要。这两个领域之间存在着紧密的互补性。管理会计提供了内部数据,可以为财务会计提供支持。例如,成本会计和预算管理为财务会计提供了计算成本和制定财务预测所需的数据。管理会计还可以帮助识别与运营有关的风险和机会,这些信息可以影响财务报告和外部财务决策。

另外,财务会计的外部报告也可以为管理会计提供有价值的信息。外部财务报告可以反映组织的整体健康状况,这有助于管理者更好地了解其市场地位和竞争力。外部报告中的关键绩效指标也可以与内部绩效数据相互比较,帮助管理者评估组织的整体表现。管理会计和财务会计是互补的,它们共同构成了组织内部和外部信息的完整生态系统。管理会计为内部决策和运营提供支持，而财务会计用于外部报告和财务披露。这两个领域的数据和信息相互交汇，有助于管理者更好地理解组织的绩效、风险和机会，更有效地制定决策和管理组织。因此，管理会计和财务会计之间的互补性是组织成功和可持续增长的关键要素之一。

（一）互补性

管理会计和财务会计在会计领域中不是相互竞争的，而是相互互补的两个重要分支。它们各自服务于不同的目标和受众，共同构建组织的全面会计信息体系。管理会计和财务会计各自关注不同的信息需求。管理会计的主要受众是内部管理层，其目标是为管理层提供详细、深入的信息，以帮助他们做出决策、规划战略、控制资源和优化绩效。管理会计通过提供成本、效益、利润、绩效等方面的信息，支持内部管理的需要。

财务会计则主要服务于外部利益相关者，如股东、债权人、监管机构和投资者等。其核心任务是提供合规性和可比性的财务报表，以满足法律法规和审计要求。财务会计强调对会计准则和规范的遵守，以确保报表的准确性和可信度。这种合规性有助于外部利益相关者评估组织的财务状况和业绩，支持投资决策和监管。管理会计和财务会计的信息具有不同的特征。管理会计的信息通常更为灵活和定制化，可以根据管理层的需求进行调整和精细化分析。它关注细节，通过提供更深入的分析，帮助管理层更好地理解组织内部的经济活动。而财务会计的信息更加标准化，追求合规性和可比性，通常不涉及深入的细节分析，主要用于外部报告。

最重要的是，管理会计和财务会计共同构成了组织的全面会计信息系统。管理会计提供了内部管理所需的数据和信息，以支持组织的日常经营和决策。财务会计提供了向外界传达组织财务状况的手段，确保透明度和可信度，维护了外部利益相关者的信任。管理会计和财务会计不是竞争关系，而是互补关系。它们各自服务于内部和外部的不同需求，为组织提供了不同层面的会计信息支持。这种协同作用有助于组织更好地实现内部管理和外部报告的目标，确保了会计信息的全面性和有效性。管理会计和财务会计的共同存在为组织提供了坚实的会计基础，支持其成功和可持续性。

（二）数据一致性

管理会计和财务会计虽然在报告重点和方法上存在差异，但它们之间共享一些共同的数据和信息源。这使数据的一致性和准确性在两个领域之间变得至关重要，保证内外部报告的一致性和可靠性。管理会计和财务会计都需要访问和使用相同的财务数据源，如企业的总账、交易记录和财务报表。这些数据包括资产、负债、收入、费用等关键财务要素。财务会计使用这些数据来编制标准的财务报表，如资产负债表和损益表，以向外部利益相关者报告企业的财务状况和业绩。而管理会计则使用这些数据来支持内部管理决策，如成本分析、预算制定和绩效评估。

数据的一致性对内外部报告的准确性至关重要。如果内部管理会计数据与外部财务会计数据不一致，将导致混淆和不信任。例如，如果公司在内部管理会计中记录了不同的收入和费用数字，与外部财务报表不符，这可能引发财务丑闻或法律问题。因此，确保数据在两个领域之间的一致性非常重要。数据的准确性对正确的决策制定和财务报告至关重要。管理会计依赖于准确的数据来进行成本分析、业务绩效评估和预算制定。如果数据存在错误或不准确，将导致错误的决策和投资，对企业造成损害。同样，财务会计数据的准确性对向投资者和监管机构提供准确的财务信息至关重要，以维护市场的信任和透明度。

数据的一致性和准确性要求建立严格的内部控制和审计机制，以确保数据的可靠性。企业需要确保财务数据的记录、处理和报告都遵循一致的会计准则和内部政策。内部审计团队扮演着重要角色，负责监督数据的准确性和一致性，并识别和解决潜在的问题。管理会计和财务会计虽然在报告目标和方法上存在差异，但它们共享一些共同的数据和信息源。因此，数据的一致性和准确性对确保内外部报告的一致性和可靠性非常重要。企业需要建立严格的内部控制和审计机制，以确保数据的可靠性，并维护市场的信任和透明度。

（三）综合视角

组织可以从综合管理会计和财务会计的视角中获得双重受益，这两个领域为组织提供了不同但互补的信息，有助于更全面地理解和管理组织的绩效和财务状况。管理会计提供了更多的细节和操作性信息。管理会计关注组织内部的运营和决策，提供关于成本、效益、绩效和资源利用情况的详细数据。这些信息对管理层来说至关重要，可以帮助他们更好地理解组织的内部运作，并采取针对性的措施来提高效率、降低成本以及优化资源分配。管理会计数据有助于识别问题、制定改进策略，并支持日常决策，从而提高组织的运营效率。

财务会计为组织绩效提供了更全面的视图。财务会计关注的是外部报告和财务披露，提供有关组织财务状况的概述，包括资产、负债、利润和现金流等方面的信息。这些报告通常遵循一致性的会计准则，具有高度可比性，可供外部利益相关者（如股东、投资者、监管机构）使用。财务会计数据为组织的长期健康状况提供了评估基础，有助于吸引投资、融资和维护信誉。它还可以用于税务申报和法律合规性。

将管理会计和财务会计的信息综合在一起，组织可以实现更全面的绩效评估和决策制定。管理会计提供了高深的内部运营分析，有助于改进和优化组织的运营，而财务会计提供了外部财务状况的全局视图，有助于满足外部利益相关者的需求。这种综合视角使组织能够更全面地理解自身的状况，更好地制订战略计划，并更有效地应对内外部挑战。管理会计和财务会计的综合视角为组织提供了更全面的信息，有助于更好地管理和规划。管理会计提供了操作性和细节信息，财务会计提供了全面性和可比性信息，两者共同为组织的成功和可持续增长提供了支持。这种综合视角有助于组织更好地满足内部和外部利益相关者的需求，实现综合绩效的提升。

第二节　管理会计与财务会计融合

管理会计和财务会计是两个在企业中起不同作用但互相关联的领域。管理会计主要关注帮助内部管理者做出决策，以实现组织的战略目标和优化资源利用，而财务会计主要关注为外部利益相关者提供财务信息，以评估企业的财务状况和业绩。尽管它们有不同的焦点和目标，但管理会计和财务会计在某些方面可以融合，以更好地支持组织的综合管理。管理会计和财务会计可以共享相同的数据源。企业的财务数据通常是财务会计的主要来源，但这些数据也可以用于管理会计。通过共享数据源，内部管理者可以基于财务信息制定战略决策，并监控执行计划的实际绩效。管理会计和财务会计可以共享一些工具和技术。例如，财务会计使用财务比率来评估企业的健康状况，而管理会计可以使用相同的财务比率来分析内部绩效和效率。这种共享工具和技术有助于确保内部管理者和外部利益相关者之间的一致性和透明度。

管理会计和财务会计可以相互补充。财务会计提供了企业整体的财务状况和业绩的总体概况，而管理会计可以提供更详细和精细化的数据，以帮助内部管理者深入了解不同部门和项目的绩效。这种互补关系有助于更全面地理解企业的运营状况。融合管理会计和财务会计可以促进绩效管理。绩效管理涵盖战略目标、计划制订、执行和监控的全过程，需要管理会计和财务会计的支持。通过融合这两个领域，企业可以更好地实施绩效管理，追踪目标的达成，并进行必要的调整。管理会计和财务会计虽然有不同的职责和关注点，但它们可以在企业内部进行融合，以实现更全面的综合管理。共享数据、工具和技术，相互补充和支持，有助于提高企业的决策质量和绩效管理效率。管理会计与财务会计的融合将有助于企业更好地适应复杂多变的商业环境，取得竞争优势。

一、管理会计和财务会计的融合趋势

管理会计和财务会计的融合是当前会计领域的趋势所在，管理会计和财务会计的融合强调了信息的一致性和连贯性。组织意识到财务会计和管理会计之间的分隔可能导致信息不一致或矛盾，便越来越多地采用一致的会计原则和方法来处理财务信息。这样，内外部的各种利益相关者都能更容易地理解和比较组织的财务状况和业绩。

融合趋势强调了管理会计在财务决策中的重要性。管理会计不再仅仅是为了内部管理而存在，它的信息对财务决策和财务战略制定也至关重要。财务会计和管理会计之间的信息交流越来越频繁，以确保财务决策能够更好地考虑到组织内部的经济活动和资源利用情况。融合趋势倡导了更多的数据驱动决策。随着大数据技术的发展，管理会计和财务会计都能够更好地利用数据分析来支持决策。这意味着管理会计和财务会计之间的信息流动不仅更加频繁，而且更加依赖数据和分析，以便提供更准确和全面的信息。

融合趋势还强调了透明度和责任。组织越来越重视透明度，希望向内外部利益相关者提供更全面的信息，以满足监管要求和社会责任。管理会计和财务会计的融合有助于实现更高水平的透明度，也有助于提高组织对财务管控的有效性。管理会计和财务会计的融合趋势是为了更好地满足组织管理和决策的需求，以及更好地满足内外部利益相关者的信息需求。这种趋势反映了会计领域的不断演进，以适应现代商业环境中日益复杂的需求。管理会计和财务会计之间的融合将继续推动会计实践的发展，为组织提供更强大的会计信息支持，以促进持续的成功和可持续性。

（一）背景和动机

现代组织在竞争激烈的商业环境中面临着前所未有的复杂性和多样性的挑战。在这个信息爆炸的时代，组织需要更全面、实时和可操作的信息，以应对市场变化、管理风险、优化资源利用和做出明智的决策。正是基于这些需求，管理会计和财务会计的融合形成一种迫切的趋势。融合管理会计和财务会计可以提供更全面的信息。管理会计关注内部管理需求，提供了深入的、详细的信息，但通常与财务报表分开。而财务会计关注合规性和可比性，提供了标准化的财务报表，但通常不包括深度的内部分析。通过融合这两种会计方法，组织可以获得更全面的信息，既包括内部管理所需的详细数据，又包括外部报告所需的合规性信息。

融合可以提供更实时的信息。现代商业环境发展迅速，决策需要基于最新的数据和趋势。管理会计通常能够更及时地收集和分析内部数据，但财务会计通常需要更长的时间来准备财务报表。通过融合，可以实现更快速的信息传递和报告，使管理层能够更迅速地做出反应性决策。融合还能提供更可操作的信息。管理会计强调为管理层提供实用的、可操作的洞察，以支持决策制定和资源控制。通过将管理会计的方法和工具与财务会计的合规性结合起来，可以创造出更具操作性的信息，有助于管理层更好地理解业务和采取行动。

融合管理会计和财务会计有助于消除信息孤岛。在传统模式下，管理会计和财务会计通常分开运作，导致信息孤岛，使组织内外的信息流动受限。融合可以消除这种信息孤岛，促进信息的共享和协作，使组织能够更综合地应对挑战。管理会计和财务会计的融合是为了满足现代组织更全面、实时和可操作的信息需求而兴起的趋势。这种融合可以提供更全面、实时和可操作的信息，帮助组织更好地应对复杂多变的商业环境，实现更好的管理和决策效果。融合管理会计和财务会计有助于组织提高竞争力，迎接未来的挑战。

（二）报告一体化

融合管理会计和财务会计的报告过程，将内部决策支持报告与外部财务报告整合在一起，是一种有助于提高信息一致性和可比性的体现。综合性报告系统有助于提高信息一致性。通过整合内部决策支持报告和外部财务报告，可以确保使用相同的数据源和会计准则，减少数据不一致性的风险。这有助于确保内外部报告的一致性，使外部利益相关者（如投资者和监管机构）能够更容易地理解企业的财务状况和业绩。

综合性报告系统有助于提高信息可比性。由于内部决策支持报告和外部财务报告使用相同的数据和标准，不同时间点和不同部门的报告都可以进行比较。这使得管理层能够更好地跟踪绩效趋势，识别问题和机会，并采取适当的行动。综合性报告系统提供了更全面的信息。它不仅包括传统的财务报表数据，还包括与内部管理决策相关的数据，如成本分析、绩效指标和预算信息。这为管理层提供了更全面的洞察，有助于更好地了解企业的运营情况。综合性报告系统促进了有效的内部沟通。它使不同部门和团队能够共享数据和信息，加强了内部合作和协调。这有助于提高决策制定的效率和质量。

综合性报告系统有助于提高企业的整体绩效。通过将内部决策支持报告与外部财务报告整合在一起，管理层能够更好地了解企业的财务和经营情况，进而制定战略和计划，提高竞争力和可持续性。综合性报告系统是一种有助于提高信息一致性和可比性的方法，将管理会计和财务会计的报告过程整合在一起，提供了更全面、更准确的信息，有助于内外部利益相关者更好地了解企业的财务状况和业绩，并促进了有效的内部沟通和更好的决策制定。这有助于企业在竞争激烈的市场中取得成功。

（三）数据共享和技术支持

技术的进步和数据分析工具的发展为管理会计和财务会计之间的数据共

享方面创造了新的机会，数据共享可以极大地促进组织的绩效管理和决策制定，为未来趋势的预测提供支持。技术的进步使数据的收集和存储变得更加高效和便捷。组织可以利用现代数据采集系统和数据库技术来汇集来自各个部门和业务单元的数据。这意味着管理会计和财务会计所需的信息可以更容易地整合和共享，而不再受到数据分散和孤立的限制。

数据分析工具的发展提供了更强大的数据处理和分析能力。现在，组织可以利用先进的数据分析工具，如数据挖掘、机器学习和人工智能，来探索大规模数据集，发现隐藏的模式和关联，更深入地理解其绩效和运营。这些工具使管理会计和财务会计能更全面地评估业务情况，识别问题并找到解决方案。实时数据共享和报告变得更加容易。云计算和在线协作工具使组织能够实时共享和访问财务和管理数据。这意味着管理层可以随时查看最新的绩效指标和财务报告，而不必等待传统的周期性报告。这有助于更快地做出决策，及时采取行动以应对市场变化和竞争挑战。

数据共享也促进了跨部门和跨功能团队之间的合作。管理会计和财务会计的数据可以共享给不同部门的决策者和执行者，使他们能够更好地协同工作，共同追求组织目标。这种合作有助于加强内部沟通和协调，提高组织的整体绩效。技术的进步和数据分析工具的发展已经改变了管理会计和财务会计之间的数据共享方式。这种数据共享使组织更好地理解其绩效，预测未来趋势，并更快地做出决策。通过充分利用现代技术和工具，组织可以更加灵活地应对不断变化的商业环境，实现更高效协调的管理和决策制定。这为组织的长期成功和竞争优势提供了强大的支持。

二、融合的优势和价值

融合在不同领域中具有显著的优势和价值。融合是将不同的元素、方法或思想结合在一起，进而创造更全面、更有效的解决方案。

融合能够促进创新。通过将不同领域的知识和想法融合在一起，可以创造出新的思维模式和方法，从而激发创新和创造力。融合使人们能够跨越传统边界，将看似不相关的概念融合在一起，产生新的见解和解决方案。

融合可以提高问题解决的效率。不同领域的专业知识和技能可以相互补充，从而加快问题解决的速度。融合使团队能够充分利用各自的专长，共同努力解决复杂的问题。这种协同合作有助于提高效率和质量。

融合有助于应对复杂性和多样性。现代世界充满了复杂和多样的挑战，需要多方面的知识和方法。融合允许不同领域的专家和从业者汇集他们的力量，共同解决这些复杂的问题。这种跨领域的合作有助于更好地理解问题的各个方面。

融合可以提高决策的质量。当不同领域的知识和观点融合在一起时，决策制定者能够更全面地评估各种选项和影响因素。这有助于做出更明智、更全面的决策，减少决策中的盲点和误差。

融合可以创造多样性和包容性。它可以将不同文化、背景和观点融合在一起，促进多样性和包容性。这有助于打破偏见和局限性，创造更具创造力和包容性的环境。融合在不同领域中具有广泛的优势和价值，可以促进创新、提高效率、应对复杂性、提高决策质量，并创造多样性和包容性。融合是现代社会和企业成功的关键因素之一，它有助于创造更具竞争力和可持续性的未来。

（一）提高决策质量

通过融合管理会计和财务会计，组织可以实现更全面、深入的财务分析，更好地了解其财务状况和业务绩效。这样的深度了解为组织内部的管理层提供了关键洞察，有助于他们更明智地制定战略性和操作性决策。融合管理会计和财务会计可以提供更全面的财务信息。管理会计关注内部成本、效益和资源利用等方面的详细数据，而财务会计提供标准化的财务报表，包括资产负债表、损益表和现金流量表。通过融合这两种信息来源，组织可以获得全面的财务信息，不仅包括财务报表的合规性数据，还包括深入的内部成本和效益信息，使管理层能够更全面地了解财务状况。

融合可以帮助组织更好地追踪业务绩效。管理会计提供了有关各种业务活动的详细信息，包括产品成本、销售绩效、生产效率等方面的数据。这些信息可以用来监测和评估业务的绩效，帮助管理层识别问题领域和机会，从而制定相应的战略和操作性决策。财务会计的合规性信息则用于验证和确认这些内部绩效数据的准确性。融合还有助于制定更具操作性的决策。管理会计提供了有关成本、效益、资源利用等方面的数据，使管理层能够更好地理解业务流程和资源分配情况。有助于制定更具操作性的决策，如成本控制、生产计划和市场战略等。财务会计的数据则用于确保这些决策的合规性和财务可行性。通过融合管理会计和财务会计，组织可以实现数据的一致性和完整性。这意味着内部和外部报告的数据将一致，减少数据不匹配和错误的可能性。这种一致性有助于提高组织的财务透明度，维护外部利益相关者的信任，并确保内部管理层能够基于准确的信息做出决策。

融合管理会计和财务会计使组织能够更全面地了解其财务状况和业务绩效。这有助于管理层更明智地制定战略性和操作性决策，增强组织的竞争力，提高绩效，并实现长期成功。这种融合成为现代组织管理中的重要趋势，有助于更好地适应复杂多变的商业环境。

（二）资源优化

融合管理会计和财务会计的报告过程可以在多个方面帮助组织更有效地分配和管理资源，减少重复性工作，提高运营效率，并降低成本。融合可以消除重复的数据录入和报告工作。在传统的管理会计和财务会计体系中，可能存在多个数据输入点，需要多次录入相同的信息。这不仅费时费力，还容易导致数据错误。通过整合报告过程，数据可以在一个系统中进行录入，并自动在不同报告中使用，减少了重复的工作，提高了数据的准确性。

融合可以提高资源分配的效率。管理会计通常涉及对资源的分析和评估，以支持决策制定。通过与财务会计数据的整合，管理层可以更准确地了解资源使用情况，并做出更明智的决策。这有助于优化资源分配，确保资源用于最有利于组织的方式。

融合可以加强内部控制。由于数据在一个系统中进行集成和共享，可以更容易地建立内部控制机制，监督数据的完整性和安全性。这有助于减少数据泄露和不当访问的风险，提高了数据的可靠性。融合还提高了决策的速度和质量。管理层可以更迅速地访问和分析数据，做出及时的决策。数据的一致性和准确性也有助于更好地支持决策制定，降低了决策的风险。

融合可以降低成本。通过减少重复的工作、提高资源分配效率和加强内部控制，组织可以降低运营成本。更好的决策和资源优化也可以降低成本，并提高了组织的整体绩效。融合管理会计和财务会计的报告过程有助于组织更有效地分配和管理资源，减少重复的工作，提高运营效率，并降低成本。这对组织的可持续发展和竞争力提供了重要的支持，使其能够更好地应对市场的挑战和机会。这是一项战略性的举措，可以在组织各个层面产生积极的影响。

（三）提升透明度

融合管理会计和财务会计可以显著提高组织的透明度，这对内部和外部利益相关者都非常重要。透明度是建立信任和增强组织声誉的关键因素，通过融合，组织可以更容易地向各方展示其财务状况和绩效。对内部利益相关者而言，融合可以促进组织内部的透明度。管理层、部门领导和员工可以更轻松地访问财务和管理数据，了解组织的运营情况和绩效表现。这有助于加强内部沟通和协作，使各级管理人员能更好地了解业务的挑战和机会。管理会计提供了操作性和细节信息，财务会计提供了全局的财务视图，融合后，内部利益相关者可以更全面地了解组织的综合情况。

对外部利益相关者而言，融合提供了更全面的财务披露和信息透明度。外部利益相关者，如股东、投资者、债权人和监管机构，通常依赖于财务报表来评估组织的财务状况和绩效。通过融合管理会计和财务会计的数据，组织可以提供更丰富、详细和可比性的财务信息。这增强了外部利益相关者对组织的信任，使他们更容易理解组织的运营情况，更有信心与组织合作或投资。融合还有助于满足法律和合规性要求。许多监管机构和法规要求组织提供详细的财务和管理信息。通过融合，组织可以更容易地满足这些要求，确保其合规性，并降低潜在的法律风险。融合管理会计和财务会计可以显著提高组织的透明度，使内部和外部利益相关者更容易理解组织的财务状况和绩效。这不仅增强了信任，还有助于更好地满足合规性要求，为组织的可持续增长和成功打下坚实的基础。透明度是组织与其利益相关者之间建立稳固关系的关键，通过融合，组织可以更好地满足各方的信息需求，增强了与外界的合作和交流。

三、融合的挑战和实施策略

融合管理会计和财务会计涉及一系列挑战，但也有一些实施策略可以帮助组织成功应对这些挑战。

数据整合和一致性是融合的主要挑战之一。管理会计和财务会计的数据通常来源不同，不同的源头，格式和标准也可能不同。为了实现融合，组织需要投入大量工作来确保数据的一致性和准确性。实施策略包括建立数据标准化流程和采用一致的数据分类方法。文化和组织结构的差异也可能阻碍融合的成功。管理会计和财务会计通常在不同的部门或职能之间运作，他们可能有不同的工作方式和文化。解决这一挑战的策略包括促进跨部门合作和建立共同的目标，以确保信息共享和协作。

另一个挑战是技术基础设施的兼容性。组织可能需要升级或整合其信息技术系统，以支持管理会计和财务会计数据的无缝流通。实施策略包括投资于适当的技术解决方案和确保系统的互操作性。融合还可能涉及人员培训和意识的提高。员工需要具备管理会计和财务会计的知识和技能，以理解数据和利用它们做出决策。实施策略包括提供培训机会和建立知识共享文化等。

融合需要明确的战略和领导支持。组织需要定义明确的融合目标和愿景，并确保高层领导层的承诺和支持。实施策略包括建立明确的融合计划，并确保其与组织的整体战略一致。融合管理会计和财务会计可能面临多个挑战，但通过采用适当的实施策略，组织可以成功应对这些挑战。融合有助于提高组织的决策制定和绩效管理能力，为未来的成功和可持续增长奠定坚实的基础。

（一）数据一致性和准确性

融合管理会计和财务会计确实面临一些关键挑战，其中数据一致性和准确性是最为重要的。为了确保融合的成功，数据一致性是至关重要的。管理会计和财务会计使用不同的数据源、计算方法和分类系统，导致数据不一致。为了解决这一问题，组织需要建立一套共享的数据标准和定义，确保不同部门和功能之间使用相同的数据，以避免数据冲突和不一致性。数据准确性也是关键问题。不准确的数据可能导致错误的决策和不准确的报告。为了确保数据的准确性，组织需要建立有效的数据验证和审计程序，定期检查和校准数据，同时培训员工以提高数据录入的准确性。

数据安全性也是一个重要问题。管理会计和财务会计涉及敏感的财务信息，必须确保这些信息受到适当的安全保护。组织需要采取措施来保护数据的机密性和完整性，包括加强访问控制、数据加密和安全审计。融合管理会计和财务会计通常涉及不同的信息系统和工具。为了确保数据的顺畅流动和一致性，组织需要投入适当的技术集成和数据接口开发。虽然这可能需要大量的资源和时间，但却是融合成功的关键。人员培训和文化变革也是挑战之一。员工需要适应新的流程和方法，同时也需要理解融合的重要性。组织需要提供培训和支持，以确保员工具备必要的技能和意识，积极参与到融合过程中。

综上所述，确保管理会计和财务会计的数据一致性和准确性是融合过程中必须解决的关键挑战。这需要建立共享的数据标准、数据验证和审计程序、数据安全措施、技术集成，以及员工培训和文化变革。只有在这些问题得到有效解决的情况下，融合才能够成功实施，为组织提供更全面和准确的信息支持。这将帮助组织更好地应对复杂多变的商业环境，做出更明智的决策，并取得长期的成功。

（二）文化和组织变革

融合管理会计和财务会计的报告过程可能需要文化和组织变革，以确保两个团队能够有效协作，并以组织的整体利益为导向。这种变革是为了实现融合的顺利进行和最大化的效益，对融合的成功至关重要。管理会计和财务会计团队可能具有不同的工作文化、价值观和目标。在融合的背景下，组织需要建立共同的文化，以确保协作、信息共享和团队合作。这可能需要培养一种文化，鼓励开放的沟通和知识分享，以确保所有团队成员都能够积极参与并共同追求组织的目标。组织变革可能涉及重新设计业务流程和角色。融合可能会导致一些工作重叠，或者需要重新分配职责和任务。为了确保管理会计和财务会计团队能够高效协作，组织需要重新审视业务流程，明确定义各个团队的职责和角色，并确保他们相互衔接。这可能需要进行培训和发展计划，以帮助团队成员适应新的工作方式和责任。

领导层的支持和引导也是关键因素。高层管理层需要积极推动融合计划，明确传达其战略目标和重要性。他们应该作为榜样，展示协作和跨部门合作的重要性，并鼓励其他员工积极参与融合过程。技术基础设施和系统集成也需要得到改善。为了实现融合，组织可能需要投资于信息技术基础设施，以确保数据的顺畅流通和共享，包括整合不同的会计系统和报告工具，以便实现一体化的报告过程。变革管理和绩效评估是确保融合成功的关键因素。组织需要建立一套有效的变革管理计划，监督融合进展，并及时应对问题和挑战。需要建立绩效评估机制，以确保融合后的系统和流程能够达到预期的效益，并不断进行改进。融合管理会计和财务会计的报告过程可能需要文化和组织变革，以确保两个团队能够有效协作，并以组织的整体利益为导向。这需要建立共同的文化、重新设计业务流程和角色、领导层的支持、技术基础设施的改善，以及变革管理和绩效评估的机制。这是一个综合性的变革过程，需要组织各个层面的积极参与和协同合作，以实现融合的成功。

（三）技术基础设施

为了实现管理会计和财务会计的有效融合，组织需要建立支持的技术基础设施，其中包括数据整合和分析工具，以处理大量数据并提供及时的信息。数据整合是关键的一步。管理会计和财务会计涉及大量数据，这些数据通常分布在不同的部门和系统中。为了整合这些数据，组织需要建立能够将不同源头数据整合成一致格式的强大的数据整合平台，能够将来自不同源头的数据整合成一致的格式。这可能包括提取、转换、加载（extract、transform、load，简称 ETL）过程，以确保数据的一致性和可比性。分析工具是实现融合的关键。管理会计和财务会计的数据需要被分析以提供有价值的见解。组织需要投资于现代数据分析工具，如数据仓库、商业智能软件和高级分析工具。这些工具可以帮助组织探索数据、识别趋势、制定预测和生成报告。

云计算技术可以加速融合过程。云计算提供了弹性和可扩展的计算资源，更容易处理大规模数据集。它还支持远程访问和协作，使团队能够共享和访问数据，而不受地理位置的限制。数据安全也是关键考虑因素。管理会计和财务会计涉及敏感的财务和业务信息，必须采取适当的安全措施来保护数据的机密性和完整性，包括数据加密、访问控制和监控。技术基础设施的维护和更新也至关重要。技术环境不断发展，组织需要定期升级和更新其硬件和软件，以确保其能够满足不断变化的需求。组织还需要为员工提供培训，以确保他们能够充分利用技术工具来支持管理会计和财务会计的融合。建立支持的技术基础设施对实现管理会计和财务会计的有效融合至关重要。数据整合和分析工具、云计算技术、数据安全和技术维护都是实现这一目标的关键组成部分。通过正确的技术投资和策略，组织可以更好地利用数据来支持决策制定和绩效管理，为组织的成功和可持续增长提供坚实的基础。

第三节　财务会计在管理中的地位和影响

财务会计在管理中具有极其重要的地位和深远的影响。它是一种关键的管理工具，用于记录、分析和报告组织的财务信息，为管理者提供决策支持和业务洞察。财务会计提供了组织的财务状况的快速概览，包括资产、负债、所有者权益和经营绩效等关键指标。这些信息对管理者了解组织的整体健康状况至关重要，有助于他们制定战略计划和决策。通过分析过去的财务数据，管理者可以识别趋势、模式和问题，以避免重复的错误，改进业务决策。这有助于他们识别成本结构、利润驱动因素和潜在的成本节约机会，更有效地控制成本。

财务会计提供了关于盈利能力和资本结构的信息。管理者可以根据这些信息来评估企业的盈利潜力，决定是否扩大业务，吸引投资或者进行资本投资。财务会计还为管理者提供了投资决策的依据。通过分析财务报表，管理者可以评估不同投资机会的潜在回报和风险，帮助他们做出明智的投资决策。财务会计对与股东、投资者和监管机构的沟通至关重要。财务报告提供了透明度，使外部利益相关者能够了解组织的财务状况，增强信任和信誉。

最重要的是，财务会计有助于确保组织遵守法律法规和会计准则。管理者需要保证财务报告的准确性和合规性，以避免法律责任和声誉风险。财务会计在管理中扮演着至关重要的角色。它不仅为管理者提供了有关组织财务状况的关键信息，还为决策制定、成本控制、投资决策和合规性管理提供了支持。财务会计的准确性和可靠性对组织的长期成功和可持续增长至关重要。因此，管理者需要充分了解和重视财务会计的地位和影响，以有效地管理和领导组织。

一、财务会计的地位和基本功能

财务会计在组织内部和外部都占据着重要地位，其基本功能包括信息记录、总结和报告，为外部利益相关者提供关于组织财务状况和业绩的准确和可靠信息。财务会计的地位不可或缺。它是一项系统性的过程，用于记录组织的财务交易和经济活动，包括收入、支出、投资、债务和资产等各个方面的信息。财务会计通过记录这些交易，为组织创造了一份详实的财务历史记录，为内部管理和外部审计提供了依据。

财务会计的基本功能之一是信息记录。它负责收集和存储组织的财务数据，确保每一笔交易都有准确的记录。这种信息记录不仅是法律法规的要求，也是组织内部管理和决策的基础。它确保了组织对自身财务状况有清晰的了解，能够追踪和核查每一笔财务交易。

财务会计的第二个基本功能是信息总结。一旦财务数据被记录，财务会计就会对这些数据进行处理和总结，以便为管理层和外部利益相关者提供更简洁的信息。包括编制财务报表，如资产负债表、损益表和现金流量表，这些报表对组织的财务状况和业绩进行了汇总和概括，使人们能够更容易地理解组织的财务状况。

财务会计的核心功能是信息报告。它将汇总的财务信息呈现给外部利益相关者，如股东、债权人、投资者、监管机构和税务部门。这些报告不仅满足了法律法规的要求，还提供了透明度，让外部利益相关者能够评估组织的财务健康状况和绩效。这种透明度有助于建立信任，吸引投资，为组织的可持续性和发展提供支持。

财务会计在组织中具有至关重要的地位，其基本功能包括信息记录、总结和报告。这些功能为组织提供了财务信息的基础，不仅满足了法律法规的要求，还支持了内部管理和外部审计。财务会计的信息报告不仅提供了透明度，还有助于建立信任，为组织的成功和可持续性发展提供了坚实的基础。

（一）财务报表的编制

财务会计的一个主要功能是编制财务报表，包括资产负债表、损益表和现金流量表。这些报表不仅提供了组织的财务状况、业绩和现金流的概览，还具有多重重要性，对管理层和外部利益相关者了解组织的健康状况和财务表现至关重要。

资产负债表（也称为财务状况表）提供了有关组织在特定时间点的财务状况的信息，列出组织的资产（如现金、应收账款、固定资产等）和负债（如债务、应付账款等）的价值，以及股东权益。资产负债表的目的是展示组织的净资产，即资产减去负债，以反映组织的净值。这有助于管理层了解组织的资产组合、负债情况以及股东权益的变化，为制定财务战略提供了基础。

损益表（也称为收益表或利润表）提供有关组织在一定时期内的经济绩效的信息。它展示了组织的总收入、总成本和净利润（或净亏损）。损益表反映了组织的盈利能力和经济活动的效益。管理层可以通过分析损益表来评估业务的盈利能力、成本控制情况以及销售和运营绩效。外部投资者和债权人也关注损益表，以了解组织的盈利潜力和财务稳健性。

现金流量表提供组织在一定时期内现金流动的详细信息。它分为经营活动、投资活动和筹资活动三个部分，分别展示了组织的现金收入和支出情况。现金流量表有助于管理层了解组织的现金流动状况，包括现金的净增加或减少。这对确保组织有足够的现金来支付债务、投资发展和应对紧急情况至关重要。外部利益相关者也关注现金流量表，以评估组织的偿债能力和财务稳定性。

财务报表是财务会计的核心产物，它们提供了组织财务状况、业绩和现金流动的关键信息。这些报表不仅帮助管理层了解组织的财务健康状况，还为外部利益相关者提供了评估组织的工具，如股东、债权人、投资者和监管机构等。通过财务报表，组织能够透明地呈现其财务情况，有助于建立信任、做出明智的决策，并为可持续的经济成功打下坚实的基础。

（二）财务报告的透明度

财务会计要求公开披露财务信息的做法具有多重重要性，其中透明度和可比性是关键因素。这种披露不仅有助于管理层了解组织的财务稳定性和风险水平，还为外部投资者提供了决策所需的信息。透明度是财务会计公开披露的核心原则之一。

透明度指的是组织在财务报告中提供足够的信息，以使利益相关者能够全面了解其财务状况和经营绩效。这包括详细的财务报表，如资产负债表、损益表和现金流量表，以及相关的附注和管理层讨论与分析。透明度有助于外部投资者了解组织的资产、负债、利润和现金流等关键财务指标，从而更好地评估其财务健康状况。

可比性是另一个关键因素。财务会计标准的制定旨在确保财务报告在不同组织之间具有一定程度的可比性。这意味着不同企业使用相似的会计原则和报告要求，以便外部投资者能够更容易地比较它们的财务表现。可比性有助于投资者确定哪些组织在同一行业中表现良好，哪些可能存在风险或机会。这种比较还有助于监管机构和评级机构评估市场和行业的整体情况。

透明度和可比性有助于管理层更好地了解其组织的财务状况。通过定期公开披露财务信息，管理层可以追踪组织的绩效，并进行内部比较和分析。这有助于他们识别问题领域，制定战略，优化资源分配，并采取适当的行动来改进财务健康状况。

透明度和可比性提高了市场的信任度。投资者和其他利益相关者依赖公开披露的信息来做出决策。如果组织提供了准确、全面和可比的信息，它们更有可能获得投资者和市场的信任，从而更容易融资、吸引投资和发展业务。财务会计要求公开披露财务信息，以提供透明度和可比性，对于管理层和外部投资者评估组织的财务稳定性和风险水平至关重要。透明度确保信息的完整性和准确性，可比性使不同组织之间的比较更容易进行，有助于市场的信任建立和维护。这是一个维护金融市场稳定和有效运作的重要因素。

（三）决策支持

财务报表在组织内部的管理决策中扮演着关键角色，不仅为组织提供历史财务数据，还为管理层提供有关资源分配、成本控制、投资决策和战略制定的重要信息。这些数据不仅有助于管理层了解过去的业绩，还支持他们基于客观事实做出明智的决策，财务报表提供历史财务数据，包括收入、支出、利润、现金流等方面的信息。这些数据允许管理层对过去的财务绩效进行全面评估，识别业务的强项和弱项。通过分析历史数据，管理层可以了解业务的发展趋势、盈利能力和偿债能力，从而为未来的决策提供了基础。财务报表提供了关于资源分配和成本控制的关键信息。管理层可以通过财务报表了解不同部门和项目的成本结构，识别哪些领域的支出可能过高或不必要。这有助于优化资源分配，降低成本，提高效率，从而增强组织的竞争力。

财务报表支持投资决策。管理层可以通过分析财务报表来评估不同投资项目的潜在回报和风险。包括评估新产品开发、市场扩张、并购等投资机会。财务数据提供了有关资本可行性、资金需求和潜在回报的信息，帮助管理层做出明智的投资决策。财务报表为战略制定提供了重要的参考。管理层通过分析财务报表来评估不同战略方向对组织的财务影响，包括制定增长战略、市场进入战略、产品组合战略等。财务数据允许管理层预测不同战略选择的财务后果，以确定最合适的战略方向。财务报表提供了关键的历史财务数据，支持管理层在资源分配、成本控制、投资决策和战略制定方面做出基于事实的决策。这些数据不仅有助于了解过去的业绩，还为未来的决策提供了重要的信息基础。管理层可以借助财务报表更好地规划和管理组织的发展，实现长期成功和可持续增长。因此，财务报表在管理层决策过程中发挥着不可或缺的作用。

二、财务会计的影响和作用

财务会计在企业和经济体系中发挥着重要的影响和作用。它是会计算的基础分支，负责记录、报告和分析企业的财务信息，对组织内外的各种利益相关者产生深远的影响。财务会计提供企业财务状况的关键信息。包括企业的资产、负债、所有者权益、收入和费用等财务要素。这些信息为投资者、债权人、股东和其他利益相关者提供了了解企业健康状况的窗口。投资者依赖于财务报表来做出投资决策，而债权人需要了解债务的偿还能力。财务会计有助于维护市场的透明度和公平性。财务报表的披露要求确保了市场的透明度，使投资者能够获得准确和可靠的信息。这有助于避免信息不对称，减少市场不公平和欺诈行为。

财务会计是监管机构的监管工具。政府和监管机构依赖于企业的财务报表来监督和审计企业的活动，确保其遵守法规和规定。这有助于保护投资者和维护金融市场的稳定性。财务会计对企业的内部管理也产生了深远的影响。企业管理层使用财务报表来评估经营绩效、制定预算和战略，以及做出内部决策。这有助于优化资源分配、降低成本、提高效率和盈利能力。财务会计影响了企业的融资能力。企业的财务状况直接影响其借款成本和融资条件。具有良好财务表现的企业更容易获得融资支持，而不良的财务表现可能导致借款成本增加。

财务会计在现代经济中发挥着不可或缺的作用，对各种利益相关者产生广泛的影响。它为投资者提供了信心，维护市场的公平性和透明度，监管机构的监督工具，为内部管理和决策提供支持，以及影响企业的融资能力。财务会计的重要性在全球范围内得到广泛认可，为经济体系的稳定和可持续发展作出了积极贡献。

（一）绩效评估

财务会计为管理层提供了一种重要的方式来评估组织的绩效和制定决策。通过深入分析损益表、资产负债表和现金流量表等财务报表，管理层可以获得深刻的洞察，帮助他们识别绩效问题、抓住机会和理解业务趋势，并采取相应的措施来改进和优化组织的运营。通过分析损益表，管理层可以了解组织在特定时期内的盈利能力和经济表现。他们可以看到总收入、总成本和净利润（或净亏损）之间的关系，以确定业务的盈利性。如果净利润增长，管理层可以考虑扩大业务或投资新项目。反之，如果净利润下降，他们可能需要寻找成本削减的机会或重新评估营销策略。损益表还提供了有关销售、成本和毛利率等方面的信息，有助于管理层更好地理解业务绩效。

资产负债表提供组织财务状况的快照。管理层可以查看资产、负债和股东权益的价值，以了解组织的净资产情况。这有助于他们评估组织的财务稳健性和偿债能力。如果负债过高或资产质量下降，管理层可能需要采取措施来降低风险，如筹资、债务重组或资产销售。资产负债表还提供关于流动性和长期负债的信息，有助于管理层做出资本预算和融资决策。现金流量表展示组织在一定时期内的现金流动情况。管理层可以分析现金流量表，了解现金的净增加或减少情况。这有助于他们确定组织是否有足够的现金来支付债务、投资发展和应对突发情况。如果现金流出问题，管理层可能需要优化应收款项管理、控制存货水平或重新评估投资计划。现金流量表还提供关于经营、投资和筹资活动的详细信息，有助于管理层做出资本分配和筹资决策。

财务会计为管理层提供了一种强大的工具，帮助他们评估组织的绩效、识别问题和机会，并制定相应的决策。通过深入分析损益表、资产负债表和现金流量表，管理层可以更全面地了解组织的财务状况、盈利能力和流动性。这种深度理解有助于他们制定战略性和操作性决策，以实现组织的长期成功和可持续发展。财务会计报表成为管理层的有力工具，有助于他们更加精确地导航组织在竞争激烈的商业环境中前行。

（二）资本市场融资

财务会计在组织的融资活动中扮演着至关重要的角色，因为投资者和债权人通常依赖财务报表来评估组织的信用风险和价值，决定是否提供资金支持。财务报表提供有关组织财务状况的详细信息。资产负债表展示组织的资产和负债，损益表显示其盈利能力和经营绩效，现金流量表揭示现金流入和流出的情况。这些报表的信息帮助投资者和债权人了解组织的财务健康状况，包括其资产和负债的规模、盈利能力、现金流状况等关键指标。财务报表的透明度和可比性对于融资决策至关重要。投资者和债权人需要准确、一致和可比的信息，以便评估不同组织之间的信用风险和价值。财务会计标准的制定旨在确保财务报表在不同组织之间具有一定程度的一致性和可比性，从而帮助市场参与者做出明智的融资决策。

财务报表还提供历史数据，允许投资者和债权人分析组织的财务表现趋势。这有助于他们确定组织的财务稳定性和可持续性。历史数据的分析可以帮助投资者了解组织的长期表现，并评估其未来潜力。财务报表中的附注和管理层讨论与分析（MD&A）提供额外的信息，帮助投资者和债权人更全面地了解组织的财务情况。附注通常包括有关会计政策、重大会计估计和未来风险的详细信息。MD&A 则提供了管理层对财务表现的解释和分析。投资者和债权人依赖财务报表来评估组织的信用风险和价值，从而决定是否提供资金支持。如果财务报表显示组织的财务状况稳健，投资者可能更愿意投资股权或提供融资。相反，如果财务报表反映出较高的负债、低盈利能力或不稳定的现金流，债权人可能要求更高的借款利率或担保措施。

财务会计对组织的融资活动至关重要，因为投资者和债权人需要依赖财报表来评估组织的信用风险和价值，以决定是否提供资金支持。财务报表提供详细的财务信息、透明度和可比性，帮助市场参与者做出明智的融资决策。这于组织的融资、发展和可持续性都具有重要影响。

（三）税务合规

财务会计不仅关注财务报表的编制和财务信息的披露，还涉及税务合规，这对管理层来说至关重要。管理层需要确保组织遵守适用的税法法规，同时合理规划税务策略，以最大程度地减少税务负担，税务合规是组织的法律责任。根据税法法规，组织必须按时和准确地向税务机构申报并支付税款。如果组织未能遵守税务法规,可能面临严重的法律后果,包括罚款和法律诉讼。因此,管理层需要确保财务会计的过程和报表是合法的,以避免不必要的风险。

税务策略的规划是为了最大程度地减少税务负担。管理层可以通过合理的税务策略来降低组织的税务成本,例如利用适用的税收抵免、减免和优惠政策。这需要对税法的深入了解,以确定哪些策略最适合组织的情况。税务规划包括优化资本结构、选择合适的投资方案以最大程度地减少税收,为组织创造更多的价值。管理层还需要关注跨国税务问题。对于跨国企业来说,涉及多个国家的税法和法规可能非常复杂。管理层需要确保组织遵守各国的税收要求,并合理规划跨国税务策略,以最大程度地减少全球税务负担。这可能涉及国际税收协议的利用、跨国合同的管理以及跨国合规性的审查。

税务合规和策略规划需要专业知识和专业人员的支持。管理层可以依靠内部税务专家或外部税务顾问,以确保组织在税务方面的合规性和效率。这些专业人员可以提供有关税务法规和最佳实践的指导,并帮助制定适用于组织的税务策略。财务会计涉及税务合规和策略规划,这对管理层来说至关重要。税务合规是法律责任,管理层需要确保组织遵守适用的税法法规,以避免不必要的法律风险。同时,税务策略的规划可以降低税务负担,为组织创造更多的价值。跨国企业还需要关注跨国税务问题,确保遵守多个国家的税收要求。税务合规和策略规划需要专业知识和专业人员的支持,以确保组织在税务方面的成功和有效性。

三、财务会计与管理的融合

财务会计与管理的融合是组织内部重要领域之间协同工作的过程,旨在更好地支持决策制定、资源分配和业务管理。这种融合强调财务数据如何成为管理过程的关键组成部分,提供深入的洞察和支持,以推动组织的成功和可持续增长。财务会计与管理的融合意味着将财务数据视为管理决策的关键因素之一。传统上,财务会计主要用于编制财务报表,以满足外部监管和股东的需求。然而,在融合的背景下,财务数据不仅仅是报告的一部分,还是内部管理工具,用于支持战略制定和执行。

融合强调财务数据的实时性和准确性。管理需要及时的财务信息,以便做出敏捷的决策。因此,融合的过程通常包括改进财务数据的收集、处理和分析流程，以确保数据的及时性和准确性。融合也促使财务会计与管理之间的协作更加紧密。管理团队需要与财务部门密切合作，以共同制定和评估业务目标、预算和战略计划。这种协作有助于确保财务数据与业务目标相一致，使决策更加明智。管理者不仅需要了解当前的财务状况，还需要预测未来的趋势和机会。因此，财务数据分析和业务智能工具成为支持决策的关键资源。管理者需要具备财务知识和技能，以理解财务数据，并将其应用于业务决策。因此，组织通常会提供培训和教育机会，以提高管理者的财务素养。

财务会计与管理的融合是组织内部协同工作的关键方面。它强调财务数据在管理决策中的关键作用，以促进数据的实时性、准确性和分析能力。融合还加强管理和财务团队之间的协作，强化财务知识和技能的重要性。通过融合，组织能够更好地利用财务资源，实现更高效和协调的管理，以应对不断变化的市场和竞争环境。

（一）决策支持系统

财务会计数据的集成与管理决策支持系统（DSS）是一种强大的方式，可以为管理层提供实时的财务信息，帮助他们更好地监控业务状况，并在必要时迅速做出决策。财务会计数据的集成意味着将财务报表、损益表、资产负债表和现金流量表等数据无缝地连接到管理决策支持系统中。这样，管理层可以在一个平台上访问财务数据，而无需手动整合和处理数据，有助于提高数据的准确性和可靠性，减少错误的可能性。实时性是集成的关键优势之一。通过将财务会计数据与DSS集成，管理层可以随时获取最新的财务信息。这意味着他们可以迅速了解组织的当前财务状况，而不必等待传统的财务报告周期。在快速变化的商业环境中，这种实时性对及时做出决策至关重要。

集成可以提供更全面的财务洞察。管理决策支持系统通常具有强大的数据分析和报告工具，可以帮助管理层深入分析财务数据。他们可以创建自定义的财务指标和报告，根据需要进行深度分析，以了解业务绩效、成本结构、盈利能力和风险因素等。这种深度洞察使管理层能够更明智地制定决策，并更好地应对挑战和机会。

财务会计数据的集成还提高了决策的可追溯性和透明性。管理层可以跟踪决策的背后数据和信息，了解决策是如何基于财务数据和分析而做出的。这有助于确保决策的合规性和可靠性，并为监管和审计提供支持。集成财务会计数据与管理决策支持系统还有助于促进团队协作。不同部门和团队可以在同一平台上共享和访问财务数据，更好地合作解决问题和制定决策。为管理层提供实时、全面的财务信息，帮助他们更好地监控业务并在需要时做出快速决策。这种集成有助于提高组织的决策质量和效率，为可持续的成功奠定坚实的基础。在当今竞争激烈的商业环境中，这种能力对于组织的成功至关重要。

（二）预算和规划

财务会计信息在预算编制和战略规划中发挥着关键作用，对组织的长期成功和可持续性至关重要。历史财务数据是预算编制的重要基础。管理层通常会回顾过去几年的财务报表，以了解组织的财务表现趋势，包括收入、成本、支出、盈利能力和现金流等方面的数据。通过分析历史数据，管理层可以识别关键的财务模式和趋势，更好地预测未来的财务表现。财务会计信息提供了预算编制中的基本参数。管理层可以使用财务报表中的具体数字作为预算的起点。例如，他们可以将去年的销售额作为今年的销售目标，然后根据其他财务数据来调整预算的各个方面，如成本、支出和投资。这样的数据具有可信度，因为它们是基于历史财务实际数据进行制定的。财务报表中的信息有助于确定预算的限制和约束。管理层可以根据财务状况来确定可用的资金和资源，并制定相应的预算。如果财务报表显示组织面临财务挑战，管理层可能需要制定更紧缩的预算，寻求成本削减或资源优化的机会。财务会计信息在战略规划中也起着关键作用。组织的战略目标通常需要资金支持，而财务报表提供确定这些目标的可行性的关键信息。管理层可以使用财务信息来评估不同战略选择的财务影响，以确定最佳的战略路径。例如，他们可以分析不同市场扩张、产品开发或并购策略的潜在财务回报，并选择最适合组织的战略方向。

财务报表的透明度和可比性使管理层能够更好地沟通和分享预算和战略规划信息。透明的财务信息可以帮助各级管理层和团队了解组织的财务目标和约束，更好地协同合作，实现预算和战略目标。财务会计信息在编制和战略规划中发挥着关键作用，帮助管理层制定基于历史数据的预算、确定可用资源、评估战略选择的财务影响，并促进透明的沟通和协作。这些信息不仅是组织成功的基础，也有助于确保预算和战略规划的可行性和有效性。

（三）绩效管理

财务会计数据与绩效管理的结合对于组织实现战略目标至关重要。它不仅有助于设定绩效目标，还支持监督进度和奖励绩效卓越，财务会计数据在设定绩效目标方面发挥着重要作用。通过分析财务数据，管理层可以识别与组织战略目标直接相关的关键绩效指标。例如，管理层可以关注收入增长率、毛利率、成本控制等财务指标，以确保它们与战略目标保持一致。设定明确的绩效目标有助于为组织提供明确的方向，使员工明白他们的努力与战略愿景相符。财务会计数据用于监督绩效进度。一旦设定了绩效目标，管理层便可以定期审查财务数据以评估实际绩效与目标之间的差距，这可以通过比较实际财务结果与预算或计划来实现。如果发现差距，管理层可以采取必要的行动来调整战略执行，确保组织在正确的轨道上。监督绩效进度有助于识别问题并及时做出反应，保持组织的灵活性和适应性。财务会计数据还用于奖励绩效卓越。绩效管理不仅涉及发现问题，还包括奖励卓越的努力和成果。管理层可以使用财务数据来确定哪些团队或员工实现了出色的绩效，并为他们提供适当的奖励和激励措施，例如奖金、股票期权或晋升机会。这有助于建立一个积极的绩效文化，激励员工为组织的成功作出更多的贡献。

财务会计数据与绩效管理的结合支持了持续改进和学习。通过分析财务数据，管理层可以识别哪些战略举措成功，哪些需要改进。这有助于组织不断学习和适应变化的环境，以实现更高的绩效水平。管理层可以根据财务数据的洞察来调整战略，制定更有效的策略，并不断优化业务运营。财务会计数据与绩效管理的结合是组织实现战略目标的关键要素。它有助于设定明确的绩效目标，监督绩效进度，奖励卓越的绩效，并支持组织的持续改进和学习。通过有效地利用财务数据，管理层可以更好地引导组织朝着成功和可持续增长的方向前进。

第四章　管理视角下财务会计目标及其创新

第一节　财务会计目标基本理论

　　财务会计的目标基本理论是财务报表编制的指导原则，旨在确保报表提供了准确、可靠、可比性的信息，以便内部和外部利益相关者能够更好地理解组织的财务状况和业绩。

　　这一理论的核心目标之一是真实性。这意味着财务报表必须反映组织的实际财务状况，不得歪曲或隐瞒任何信息。真实性确保了报表的诚信和透明性，使内部管理层和外部利益相关者能够依赖报表来做出决策。

　　另一个目标是可靠性。财务报表必须基于可信赖的数据和合适的会计方法编制，以确保报表的准确性和一致性。可靠性使各方能够对报表的内容和数字有信心，并将其用于决策制定。

　　可比性是另一个重要目标。财务报表应当允许不同时间段和不同组织之间的比较。这意味着报表的编制方法和会计政策应该保持一致，以便各方可以更容易地进行横向和纵向的比较，从而更好地了解组织的变化和趋势。可理解性也是目标之一。财务报表应该以清晰、简明的方式呈现信息，以便各方都能够理解报表的内容，无需特殊的会计知识。这有助于提高报表的普及和可用性。

　　可证明性是财务会计的目标之一。这意味着财务报表的编制过程应该能够被审计师和监管机构验证和核实。这有助于确保报表的合规性和可信度。财务会计的目标基本理论旨在确保财务报表提供真实、可靠、可比性、可理解和可证明的信息，以满足各方对财务信息的需求，支持决策制定和促进组织的财务透明度。这些目标的实现有助于维护信任、提高市场效率，并为组织的长期成功创造有利条件。

一、财务会计目标的理论基础

财务会计目标的理论基础根植于会计基本原理和相关准则，旨在确保财务报表的准确性、可靠性和可比性，以满足内部和外部利益相关者的信息需求。

会计基本原理中的权责发生制是财务会计目标的理论基础之一。根据这一原理，会计交易和事件应在它们发生的时候记录，而不是在现金实际流入或流出时。这确保了财务报表反映了组织的真实经济活动，而不仅仅是现金流动。

历史成本原则也是财务会计目标的基础之一。根据这一原则，资产和负债应以它们在购买或获得时的历史成本记录，而不是其当前市场价值。这有助于保持报表的可比性，因为各个组织都可以按照相同的原则记录资产和负债。

货币计量原则也是财务会计目标的理论基础之一。这一原则规定会计交易应以货币单位计量，这意味着财务报表上的所有数额都以货币形式表示。这有助于报表的可理解性，因为货币单位是普遍被理解和接受的计量单位。

可靠性和可证明性原则是财务会计目标的理论基础之一。财务报表应基于可靠、可验证的数据和合适的会计政策编制，以确保报表的准确性和可信度。这有助于各方对报表的信任和依赖，并促使审计师和监管机构能够验证报表的合规性。

可比性原则是财务会计目标的理论基础之一。财务报表的编制方法和会计政策应该保持一致，以便各方可以进行跨时间段和跨组织的比较。这使报表的信息更具实用性，有助于分析组织的变化和趋势。

这些基础原则为财务会计提供了坚实的框架，确保了财务信息的质量和可信度，满足了各方对财务信息的高度要求。这种理论基础有助于维护财务报表的诚信和透明性，为决策制定和资源配置提供了可靠的依据。

（一）财务报告的主要目标

财务会计的主要目标是提供有关组织财务状况和业绩的信息，以帮助内部和外部利益相关者做出决策。包括提供有关资产、负债、权益、收入和费用等方面的信息。财务会计通过资产负债表的呈现，向内部和外部利益相关者提供了关于组织的财务状况的信息。资产负债表显示了组织的资产，如现金、存货和固定资产，以及负债，如债务和应付账款。这些信息有助于内部管理层了解组织的资源情况，同时也让外部投资者和债权人评估组织的偿债能力和财务稳健性。财务会计通过损益表的呈现，提供有关组织的业绩的信息。损益表反映组织在特定期间内的收入和费用情况，从而计算出净利润或亏损。这个信息对内部管理层来说是关键的，因为它反映了组织的盈利能力和经营绩效。对外部投资者和股东来说，损益表也提供关于组织盈利能力的重要指标。财务会计还提供关于权益变动的信息，包括股东权益的变化。这反映了股东权益的流动和组织的财务结构变化。对内部管理层来说，这有助于了解股东权益的分配和利用情况。对外部股东和潜在投资者来说，这提供了关于组织财务稳健性和资本结构的信息。

财务会计通过提供关于收入和费用的信息，帮助内部和外部利益相关者了解组织的经营活动。这包括了销售收入、成本、开支和税费等方面的信息。对内部管理层来说，有助于评估经营活动的盈利能力和效率。对于外部投资者和股东来说，这提供关于组织的盈利模式和经营活动的洞察。财务会计的主要目标是提供全面的财务信息，包括资产负债表、损益表、权益变动表和有关收入和费用的信息。这些信息有助于内部管理层进行战略规划和资源分配，同时也满足了外部利益相关者对组织财务状况和业绩的需求，促进了透明度和决策的适切性。这使得财务会计成为组织内外信息传递和决策制定的关键工具。

（二）利益相关者的需求

财务会计目标的制定确实需要综合考虑不同利益相关者的需求，因为不同的利益相关者对财务信息有不同的关注点和期望。对于外部利益相关者，如投资者和债权人，他们关心的主要是组织的财务健康和稳定性。因此，制定财务会计目标时，需要确保财务报表准确地反映了组织的财务状况，包括资产、负债、所有者权益、收入和费用等方面的信息。这有助于外部利益相关者评估组织的信用风险、价值和偿债能力，做出投资和融资决策。同时，也需要遵守相关的法规和会计准则，以确保报告的合规性和可比性，满足监管机构和投资者的需求。对于内部利益相关者，如管理层，他们更关心财务信息如何支持决策制定和战略规划。因此，在制定财务会计目标时，需要提供更详细和具体的信息，以便管理层能够了解组织的经营绩效、成本结构、市场份额、客户满意度等方面的情况。这些信息可以帮助管理层制定战略计划、预算编制、资源分配和绩效评估。内部利益相关者通常需要更实时的财务数据，以便更迅速地做出决策，因此财务会计目标也应考虑如何提供实时报告和数据分析支持。还有其他利益相关者，如员工、供应商、客户和社会大众，也对财务信息有一定的关注。他们可能关心组织的社会责任、可持续性、品牌声誉等方面的信息。因此，财务会计目标也可以考虑如何包含非财务指标，如环境、社会和治理（ESG）指标，以满足这些利益相关者的需求，增强组织的社会责任形象。制定财务会计目标需要在满足外部利益相关者的合规性和透明度需求的同时，充分考虑内部利益相关者的决策支持和战略规划需求，以及其他利益相关者的关注点。这样才能确保财务会计的目标是全面而有针对性的，有助于组织实现长期成功和可持续发展。

（三）信息质量和透明度

财务会计的目标之一是提供高质量的、可靠的财务信息，这一目标在确保报告信息的准确性、完整性、可比性和及时性方面至关重要。

准确性是高质量财务信息的基础。财务报表和信息必须反映组织的真实财务状况和业绩，而不应包含错误或误导性信息。准确性要求财务会计人员采用严格的会计准则和政策，确保每一笔交易和账目都被正确记录和报告。这有助于管理层、投资者和其他利益相关者能够依赖财务信息来做出决策，增强了组织的信誉和声誉。

完整性也是财务信息质量的重要方面。财务报表和信息必须包括所有重要的财务数据和交易，以提供全面的财务状况和业绩的图像。隐藏或遗漏重要信息可能导致误导性的报告，损害利益相关者的信任。因此，财务会计人员需要确保所有财务数据都被记录和披露，以充分满足信息的完整性要求。

可比性是确保财务信息在不同时间和组织之间可比较的关键因素。这要求财务会计人员使用一致的会计准则和政策，以确保不同时间点和不同组织的财务信息是可比的。可比性使投资者能够更容易地评估不同组织之间的绩效和风险，促进了市场的透明度和效率。

及时性是确保财务信息能够及时提供给利益相关者的关键因素。及时的财务信息可以帮助管理层做出及时的决策，应对市场变化。它还使投资者能够更快地了解组织的最新状况。因此，财务会计人员需要确保财务信息按照规定的时间表准时提供，以满足及时性的要求。

提供高质量的、可靠的财务信息是财务会计的核心目标之一。准确性、完整性、可比性和及时性是实现这一目标的关键因素。通过严格遵守会计准则和政策，财务会计人员可以确保财务信息具备高度的可信度，提高透明度，并增强信息的可信度，从而有助于管理层和利益相关者更好地理解组织的财务状况和业绩。这一目标的实现对组织的长期成功和可持续增长至关重要。

二、财务会计目标的内容和要素

财务会计目标的内容和要素是财务会计领域的核心元素，它们对组织的财务管理和报告至关重要。财务会计目标的内容包括财务信息的收集、记录和汇总，以便为内外部利益相关者提供有关组织财务状况和业绩的准确和全面的报告。包括资产、负债、所有者权益、收入、费用、盈利能力和现金流等财务数据的记录和报告。要素包括会计政策和程序的制定，以确保财务信息的准确性和一致性。包括确定会计政策、核算方法、会计期间和报告要求等方面的要素，以便确保财务信息的一致性和可比性。

目标包括内部控制和审计的要素，以确保财务信息的可靠性和诚信性。内部控制是一组组织内部程序和措施，用于保护财务信息的准确性和完整性。审计是对财务信息的独立评估，以确认其真实性和合规性。财务会计目标也包括财务报表的编制和报告要素，以向内外部利益相关者传达财务信息。也涉及编制资产负债表、损益表和现金流量表等财务报表，以及相关附注和管理层讨论与分析等附加信息。财务会计目标还包括遵守会计准则和法规的要素，以确保财务信息的合规性和合法性。其中，有遵守国际会计准则或国家会计准则、税法和报告要求等法律法规。

财务会计目标的内容和要素涵盖了财务信息的记录、报告、一致性、内部控制、审计、报表编制、合规性等多个方面。这些要素共同构成了财务会计的核心，确保了财务信息的准确、可靠和有用，满足了内外部利益相关者对财务报告的需求。这对组织的财务管理和决策非常关键，有助于确保其财务健康和可持续性。

（一）财务报表

财务报表是财务会计目标的核心组成部分，它们为组织的财务状况和业绩提供了详细信息，是内部和外部利益相关者了解和评估组织的关键工具。

资产负债表是一份重要的财务报表，它呈现组织在特定时间点的资产和负债情况。资产包括现金、存货、投资和固定资产等，而负债包括债务、应付账款和其他负债。资产负债表为内部管理层提供有关组织资源和债务情况的全面视图，帮助他们评估财务稳健性和资本结构。对外部投资者和债权人来说，资产负债表提供有关组织偿债能力和财务健康状况的信息，有助于他们做出投资和信贷决策。

损益表是另一重要的财务报表，它反映组织在特定会计期间内的收入和费用情况，最终计算出净利润或亏损。损益表为内部管理层提供关于组织经营活动的盈利能力和效率的信息，帮助他们制定经营战略和控制成本。对于外部投资者和股东来说，损益表提供有关组织盈利模式和经营活动的洞察，有助于他们评估投资的回报率和盈利潜力。现金流量表是关于组织现金流动情况的报表，包括现金的流入和流出。它分为经营、投资和融资活动三个部分，反映了组织的现金管理能力。对于内部管理层，现金流量表有助于监控现金流动，确保足够的现金能够用于日常经营和投资活动。对于外部投资者和债权人，现金流量表提供了有关组织的流动性和偿债能力的信息，对投资和信贷决策至关重要。

股东权益变动表呈现股东权益的变化情况，包括股本、资本公积金和未分配利润等。它反映股东权益的流动和组织的财务结构变化。股东权益变动表为内部管理层提供关于股东权益分配和利用情况的信息。对于外部股东，它提供关于组织财务稳健性和资本结构的洞察。财务报表是财务会计目标的核心组成部分，提供了组织财务状况和业绩的详细信息，满足了内部管理层和外部利益相关者对财务信息的需求。这些报表为决策制定、投资和信贷决策提供基础性的数据，有助于促进透明度、可比性和决策的准确性。它们是财务会计的基础，对组织的长期成功和可持续性至关重要。

（二）合规性和法律要求

财务会计报告的合规性对组织来说至关重要，因为它需要符合法律和法规的要求，以确保报告的可靠性、透明度和可比性，这合规性需要考虑多个方面，包括税务法规、证券交易委员会（SEC）的规定以及其他国家和行业标准。税务法规是财务会计报告的一个重要合规方面。组织需要遵守国家和地区的税法规定，以确保正确计算并报告所欠的税款。这包括所得税、增值税、营业税等各种税种。财务会计报告需要准确地反映组织的税务义务，以避免潜在的法律问题和税务风险。税务法规也可能会影响财务报表的一些会计政策和估计，如资产折旧、减值准备等方面。

证券交易委员会（SEC）的规定适用于那些在美国上市或在美国发行证券的组织。SEC规定了财务报告的内容、格式、时间表等方面的要求，以确保投资者获得准确和及时的财务信息。这包括10-K、10-Q、8-K等各种报表和文件的提交要求，以及针对公司治理、内部控制和内部审计的法规。组织需要遵守这些规定，以保持上市地位并遵循合规性。其他国家和行业标准也可能适用于特定组织。国际财务报告准则（IFRS）是国际上广泛采用的财务报告标准，适用于许多国家和跨国公司。行业标准如美国公共会计师协会（AICPA）发布的标准，适用于特定行业，如金融服务、医疗保健、制造业等。组织需要了解并遵守适用的国家和行业标准，以确保财务报告的合规性。财务会计报告的合规性是维护组织声誉、吸引投资者信任和避免法律风险的关键因素。组织需要与财务专业人员、律师和合规团队合作，确保财务报告符合各种法律和法规的要求，并及时更新以反映变化的法规环境。这有助于确保财务会计报告的准确性和可靠性，维护组织的财务稳定性和声誉。

三、财务会计目标的实现与改进

实现财务会计目标并不是一成不变的，而是不断改进的过程。这一过程涉及多个方面，包括数据准确性、有效成本控制、风险管理和财务决策的优化。

数据准确性至关重要。财务报表的准确性是财务会计的基础。只有当数据准确无误时，管理层才能做出明智的决策。因此，不断改进数据收集、处理和报告的流程至关重要。这可能包括提高数据录入的准确性，加强内部审计和财务分析，以及确保数据源的可靠性。

有效成本控制是实现财务会计目标的重要组成部分。组织需要不断寻找降低成本的机会，而不损害质量或效率。这可以通过定期审查费用结构，识别节约成本的措施，以及优化资源分配来实现。有效成本控制有助于提高盈利能力，使组织更具竞争力。

风险管理也是关键因素。财务会计涉及识别和管理财务风险，以确保组织的财务稳健。管理层需要不断改进风险评估和监控方法，以及应对潜在风险的应急计划。这有助于减轻不确定性，保护组织的资产和利益。

财务决策的优化是实现财务会计目标的关键。管理层需要不断改进决策制定过程，确保决策基于客观数据和全面分析。这包括评估投资机会、资本配置和融资选择。优化财务决策有助于提高资本利用效率，实现战略目标。

实现财务会计目标并不是一次性的任务，而是需要不断改进和持续努力的过程。通过提高数据准确性、有效成本控制、风险管理和财务决策的优化，组织可以不断提高其财务绩效，实现长期成功和可持续增长。这需要管理层的承诺和全员参与，以确保财务会计目标得以实现和持续改进。

（一）财务会计制度

为实现财务会计的目标，组织需要建立适当的财务会计制度，这涉及多方面的措施和步骤，包括设立会计政策、内部控制、财务报告程序等。

建立明确的会计政策是至关重要的。会计政策规定了组织在财务报表编制过程中应当遵循的会计原则和方法，包括如何计量资产和负债、如何确认收入和费用、如何处理估计和准备财务报表的时间表等。明确的会计政策有助于确保财务信息的一致性和可比性，同时也有助于满足法律法规和会计准则的要求。

内部控制是确保财务会计信息准确性和可靠性的关键要素。内部控制包括了一系列程序和措施，旨在预防和检测错误和不当行为。这包括了审计、审计委员会的设立、财务报表审计和内部审计等。内部控制还包括了财务报表的审查和核实，以确保报表的准确性和合法性。

建立适当的财务报告程序是必要的。财务报告程序包括了数据收集、处理、报告和分发的流程。这确保了财务信息的及时性和准确性。财务报告程序还包括报告标准和报告格式的规定，以确保报表的一致性和可比性。培训和教育也是建立有效财务会计制度的重要组成部分。员工需要了解和遵守会计政策和内部控制程序，以确保财务信息的准确性和合规性。培训还有助于提高员工的会计知识和技能，从而更好地参与财务会计过程。

持续监督和改进是财务会计制度的必要环节。组织应当定期审查和评估其财务会计制度的有效性，以确保其能够满足内部和外部需求，并适应变化的法规和市场条件。监督和改进包括反馈机制和不断优化的过程，以确保财务会计目标的持续实现。建立适当的财务会计制度是实现财务会计目标的关键，包括了设立明确的会计政策、建立内部控制、制定财务报告程序、进行培训和持续监督等措施。通过这些措施，组织可以确保财务信息的准确性、可靠性和合规性，从而满足内外部的需求，支持决策制定和资源管理。这使得财务会计制度成为组织内部运作和对外沟通的核心要素，对于组织的长期成功至关重要。

（二）审计和核查

外部审计和内部审计在确保财务会计目标实现方面扮演着关键的角色。它们是两个不同但相辅相成的审计过程，旨在评估财务报告的准确性、合规性和可靠性。

外部审计由独立的外部审计师或审计公司进行，通常按照国家和地区的法律法规进行。外部审计的主要目标是验证财务报表的真实性，以及检查是否符合适用的会计准则和法规。外部审计师会对组织的财务报表、账簿和财务交易进行审查，以确定是否存在错误、欺诈或不当行为。外部审计的结果通常会表现为审计报告，其中包括审计师对财务报表的意见。这份意见对于外部利益相关者，如投资者和债权人，具有高度的可信度，因为它是由独立第三方提供的。

内部审计是由组织内部的审计部门或内部审计师执行的审计过程。内部审计的主要目标是评估组织的内部控制体系、风险管理和合规性。内部审计部门通常与管理层合作，以评估和改进组织的运营效率和效果。他们还可以检查是否存在内部控制的不足之处，以及是否需要采取措施来改进流程和制度。内部审计的结果通常会提供给管理层，以帮助他们改进组织的运营和决策。

外部审计和内部审计之间存在一定区别，但它们共同为确保财务会计目标实现提供关键的反馈和保障。外部审计强调独立性和客观性，为外部利益相关者提供了对财务报告的可信度保证。内部审计强调内部控制和管理效率，帮助组织改进其内部运营和风险管理。这两个审计过程相互补充，共同确保财务会计的准确性和合规性，有助于维护组织的声誉和稳定性。

（三）持续改进

财务会计的目标是不断改进的，并且组织需要持续努力来提高信息质量和透明度，同时根据市场和法规的变化进行调整。定期评估财务报告过程是实现不断改进的关键步骤。组织应该定期审查其会计准则、报告流程和内部控制体系，以确保它们仍然符合最新的会计准则和法规。这包括审查会计政策、估计方法和披露要求，以确保它们仍然适用于组织的运营环境。评估还可以揭示潜在的问题和瓶颈，有助于改进报告过程。寻求提高信息质量是不断改进的核心。组织应该不断努力提高财务报表的准确性、完整性和可靠性。这可能包括改进数据收集和记录的过程，加强内部控制，确保每一笔交易都得到适当的审计和验证。组织还可以考虑采用先进的技术和工具，如数据分析和人工智能，来提高数据的准确性和分析能力。

透明度对财务会计目标的实现至关重要。组织应该积极努力提高财务信息的透明度，使投资者和其他利益相关者能够更清晰地了解组织的财务状况和绩效。可以通过更详细的披露、可视化报告和解释性注释来实现。透明度有助于建立信任，并使市场更具信心。组织需要灵活地根据市场和法规的变化进行调整。财务会计的环境不断演化，法规和会计准则也在不断更新。因此，组织需要密切关注这些变化，并及时调整其财务报告过程以符合新的要求。包括遵守新的法规、采用新的会计准则和适应市场变化的需求。

财务会计的目标是不断改进的，组织需要持续努力提高信息质量和透明度，并根据市场和法规的变化进行调整。定期评估报告过程、寻求提高信息质量、增强透明度和灵活调整是实现这一目标的关键步骤。这有助于组织更好地满足利益相关者的需求，增强市场竞争力，并为长期成功和可持续增长打下坚实的基础。管理层的承诺和领导是实现这一目标的关键因素。

第二节　管理视角下财务会计目标创新路径

在管理视角下，财务会计的目标创新路径至关重要，它有助于组织更好地应对市场竞争和变化环境。管理视角下的财务会计目标创新路径是基于实时数据和战略规划的重要组成部分。管理层需要将财务会计的目标与组织的战略目标紧密对齐。这意味着财务会计不仅仅是一项记录和报告财务数据的任务，还应该成为支持战略决策和实施的强大工具。因此，目标创新路径的第一步是确立财务会计的战略导向，将其与组织的长期愿景和战略规划相一致。创新路径强调了数据分析和预测的重要性。管理层需要利用现代技术和数据分析工具来更好地理解组织的财务状况和趋势。包括使用大数据分析、机器学习和人工智能等技术，以实现对未来财务表现的更准确预测。通过对历史数据的深入分析，管理层可以发现潜在的机会和风险，并制定相应的策略来应对。

创新路径强调透明度和可持续性的重要性。管理层应该倡导透明度，确保财务信息的准确性和及时性，以增强投资者和利益相关者的信任。管理层还应考虑财务可持续性，包括如何管理风险、优化资源利用、推动绿色金融等方面的目标，以适应不断变化的商业环境和社会期望。创新路径还强调财务会计的协作和沟通。管理层应鼓励不同部门和团队之间的合作，以确保财务信息在整个组织内流通畅通，并支持决策制定。管理层还需要提供培训和发展机会，以提高员工在财务会计方面的技能和理解，使他们能够更好地参与目标实现。管理视角下的财务会计目标创新路径涵盖与战略对齐、数据分析和预测、透明度和可持续性、协作和沟通等多个方面。这一创新路径有助于组织更好地应对竞争和不断变化的环境，提高财务会计的战略价值，为长期成功奠定坚实基础。

一、财务会计目标创新的背景和动机

财务会计目标的创新背景和动机源于不断变化的商业环境和信息技术的迅速发展，以及对更有效、可靠和有用的财务信息的需求。全球化和复杂化的商业环境是财务会计目标创新的背景之一。企业在不同国家和地区展开业务，涉及多种复杂的交易和合同。这导致会计标准的多样性和复杂性增加，需要更灵活和适应性的财务会计目标，以应对各种国际会计准则和监管要求。信息技术的飞速发展为财务会计目标的创新提供了契机。大数据分析、人工智能、区块链等新兴技术的出现，使财务数据的采集、处理和分析变得更加高效和精确。这促使对财务报表和财务信息可用性的新要求，催生了创新的动机。企业和投资者对更及时、实时的财务信息的需求也在增加。传统的季度或年度报告已经无法满足快速变化的商业环境和投资决策的需求。这推动财务会计目标创新，以提供更实时的财务信息，帮助企业管理层和投资者更好地了解组织的当前状况和未来趋势。

可持续性和环境、社会、治理因素的崭露头角也对财务会计目标产生了影响。企业越来越需要考虑 ESG 因素在业务运营中的影响，这要求财务报表提供有关可持续性绩效的更多信息。这种需求推动了财务会计目标的创新，以包括 ESG 数据和指标。财务会计目标的创新背景和动机根植于全球化、技术发展、信息需求和可持续性趋势的变化。这些因素对财务信息提出了更高质量、更实时和更全面的需求，促使财务会计目标的不断创新，以适应不断演变的商业环境和信息技术的发展。这种创新有助于提高财务信息的质量和可用性，为企业和投资者提供更好的决策支持。

（一）管理层的信息需求

管理层需要更具体、实时和决策导向的财务信息，因为这种信息可以直接支持各种关键管理决策，包括战略制定、资源分配、成本控制和业务绩效评估等方面。具体的财务信息有助于管理层更清晰地了解组织的财务状况。传统的财务报表提供了总体的财务概览，但管理层通常需要更详细的数据，以便深入分析和理解财务问题。例如，他们可能需要分析不同产品线或业务部门的利润状况，以确定哪些业务部门应该继续投资，哪些应该削减成本，以及哪些可能需要战略调整。

实时性的财务信息对管理层的决策制定至关重要。在迅速变化的市场和竞争环境中，管理层需要及时了解组织的最新财务状况，以便做出即时的决策。例如，在市场需求剧烈波动时，管理层可能需要快速决定是否增加生产能力或调整产品定价。只有实时信息才能支持这些迅速的战略调整。决策导向的财务信息应当具有可操作性。这意味着信息应当清晰、具体，使管理层能够明确了解采取何种行动。例如，如果管理层发现某个部门的成本超过预算，他们需要具体的信息，以确定采取哪些措施来降低成本，例如减少人员、重新谈判供应商合同或优化流程。财务信息还应当与其他关键数据集成，以支持全面的决策制定。包括与销售、市场营销、供应链等领域的数据集成，以便管理层可以综合考虑各个方面的信息，做出综合性的决策。例如，管理层可能需要将销售数据与成本数据结合起来，以确定最有利可图的产品组合。

管理层需要更具体、实时和决策导向的财务信息，以支持各种关键管理决策。这种信息帮助管理层更好地理解组织的财务状况、应对市场变化、优化资源利用和制定战略，从而提高组织的竞争力和业务绩效。在当今不断演变的商业环境中，这种信息的重要性愈发显著。

（二）增强财务报告的价值

创新财务会计目标的一个主要动机是增强财务报告的价值，以使其不仅仅满足法律法规的要求，同时能够为管理层提供更多决策支持。这一动机反映了现代财务会计的发展趋势，强调了财务报告在组织内部和外部的重要性。创新财务会计目标的背后动机在于财务报告不仅仅是一种合规性的要求，而且应该是管理层决策制定和执行的有力工具。传统的财务报告主要关注历史性的财务数据，其主要目的是满足法律法规和投资者的需求。然而，现代组织在竞争激烈的市场中需要更多的信息，以便更好地应对市场变化、制定战略、管理风险和优化资源。因此，创新财务会计目标的另一个动机是将财务报告转化为更具战略导向的工具，为管理层提供更多决策支持。创新财务会计目标的动机还在于财务报告的实时性和灵活性。传统的财务报告通常是周期性的，如每季度或每年一次，这可能导致信息的滞后和不及时。现代组织需要更快速的数据和报告，以更及时地响应市场的变化。因此，创新财务会计目标的动机之一是推动实时报告的发展，以确保管理层能够在需要时获得最新的财务信息。创新财务会计目标的动机还涉及更多的数据分析和预测能力。传统的财务报告主要是对过去的回顾性分析，而现代组织需要更具前瞻性的数据，以便更好地预测未来的趋势和机会。这要求财务会计目标不仅关注历史数据的记录和报告，还要强调对数据的深入分析和预测，为管理层提供更多的决策支持。创新财务会计目标的动机是将财务报告提升到一个更高的水平，使其能够满足现代组织的需求，包括提供战略支持、实时报告、数据分析和预测等方面。这种动机反映了财务会计在组织中的关键作用，不仅是合规性的要求，更是战略性的工具，有助于组织更好地应对变化的商业环境和市场竞争。

（三）技术和数据分析的发展

技术的进步和数据分析工具的发展为财务会计目标的创新提供了巨大机

会。随着大数据、人工智能和区块链等技术的不断发展，财务会计领域的工作方式正在发生深刻的变革，大数据技术正在重新定义数据的收集和处理方式。传统财务会计依赖于有限的数据样本和周期性的报告，而大数据技术使组织能够处理大量的结构化和非结构化数据，包括实时数据流。这为财务会计提供了更广泛的数据来源，有助于更准确地反映组织的财务状况和业绩。例如，企业可以从社交媒体、互联网交易和传感器数据中获得更多信息，以支持决策和预测。人工智能技术正在改善财务数据的分析能力。人工智能可以自动化数据分析过程，识别模式、趋势和异常，从而提供更深入的洞察和预测。例如，人工智能可以用于欺诈检测、预测市场趋势、优化投资组合和预测未来的现金流。这有助于管理层更好地了解组织的财务绩效，并支持更明智的财务决策。

区块链技术为财务会计提供了更高的安全性和透明度。区块链是一个分布式的账本系统，记录了每一笔交易的详细信息，这些信息不可篡改。这意味着财务数据可以更安全地存储和传输，降低欺诈和错误的风险。区块链可以提供实时的交易记录，增强了数据的透明度和可追溯性。这些技术的结合为财务会计的创新提供了广泛的可能性。组织可以开发定制化的财务分析工具，根据其特定需求和目标优化数据处理和报告过程。这些技术还可以改善财务会计的自动化程度，减少手动工作，降低错误率，并提高工作效率。技术的进步和数据分析工具的发展为财务会计提供了前所未有的机会，重新定义了数据的处理和分析方式。大数据、人工智能和区块链等技术使财务会计更具准确性、可靠性和效率，有助于管理层更好地实现财务会计目标，并在竞争激烈的商业环境中取得成功。这一趋势将继续推动财务会计领域的创新和进步。

二、财务会计目标创新的内容和方法

财务会计目标的创新涵盖了内容和方法两个关键方面，它们都对提高财务会计的效能和战略价值至关重要。财务会计目标的内容创新包括更广泛的财务信息范围。传统上，财务会计主要关注资产、负债、所有者权益、收入和费用等核心财务数据。然而，现代财务会计目标越来越关注非财务性信息，如环境、社会和治理指标，以及可持续发展目标。这种创新内容有助于提供更全面的财务报告，反映组织的整体价值和影响力。

创新方法包括使用现代技术和数据分析工具来收集、处理和报告财务信息。这包括使用大数据分析、人工智能和机器学习等技术来更快速、准确地处理大量财务数据。同时，创新方法还包括采用云计算和区块链等技术来提高数据的安全性和可追溯性。这些方法不仅提高了财务会计的效率，还提供了更具前瞻性的数据分析能力。内容和方法的创新也包括了更灵活和实时的财务报告。传统的财务报告往往是周期性的，如每季度或每年一次，但创新的财务会计目标强调了实时报告的重要性。这意味着管理层可以更快速地获得财务信息，支持更及时的决策制定。实时报告还可以减少信息滞后，使组织更具敏捷性和应变能力。

财务会计目标的创新还包括更多的协作和共享。现代组织越来越重视跨部门和跨团队之间的协作，以确保财务信息的准确性和一致性。这可以通过数字化平台和工作流程来实现，使不同部门和团队能够更轻松地共享财务数据和报告。财务会计目标的创新内容和方法旨在提供更全面、高效、实时和协作的财务信息。这些创新有助于满足组织和市场的不断变化的需求，提高财务会计的战略价值，为组织的长期成功和可持续性打下坚实的基础。

（一）更详细的内部报告

创新路径可以包括更详细、灵活的内部财务报告，以满足不同管理层的需求。这种定制化的报告可以根据不同部门、项目或产品线来设计和提供，以确保各级管理层获得最相关和有针对性的财务信息。详细的内部财务报告有助于不同管理层更好地了解其职责范围内的财务状况。对于部门经理来说，他们可能需要了解特定部门的收入、成本、利润和资源利用情况。通过为他们提供定制的报告，可以使他们更容易监控和管理部门的财务表现，迅速识别问题并采取适当的措施。

这些报告可以提供更多的灵活性，以满足不同管理层的不同需求。高级管理层可能需要高层次的财务指标和总体趋势，而中级管理层可能需要更具体和操作性的数据，以支持他们在日常决策中的工作。通过定制化报告，可以根据管理层的需求调整报告的内容和格式，以确保信息的有效传达和应用。这些内部报告可以帮助管理层更好地了解业务的盈利中心和成本中心。通过将财务信息与不同部门或项目相关联，管理层可以更清晰地识别哪些方面的业务表现良好，哪些需要改进。这有助于优化资源分配，确保投资回报率最大化。定制的内部财务报告也可以促进不同部门之间的合作和信息共享。当各个部门了解彼此的财务表现和目标时，他们更容易协同工作，共同实现组织的战略目标。这有助于创造更协调和高效的工作环境。更详细、灵活的内部财务报告是创新路径的一部分，可以满足不同管理层的需求，帮助他们更好地管理和决策。这种定制化的报告有助于提高管理效率，优化资源利用，促进部门间的协作，增强组织的整体绩效和竞争力。在当今竞争激烈的商业环境中，这种财务信息的精确和针对性至关重要。

（二）引入非财务指标

除了传统的财务指标，引入非财务指标是创新财务会计目标的一个重要方面，这有助于提供更全面的绩效评估。传统的财务指标如收入、利润和资产负债表等提供了组织的财务状况，但未必反映组织的全面绩效和可持续性。因此，引入非财务指标具有多重价值。非财务指标如客户满意度、市场份额、员工满意度等提供更广泛的组织绩效视角。财务指标主要关注经济绩效，而非财务指标可以捕捉到组织的社会和环境绩效，以及内部流程和学习与成长等方面的表现。这种综合性的绩效评估有助于管理层更全面地了解组织的整体健康。

引入非财务指标可以更好地反映组织的战略目标和愿景。不同组织可能追求不同的目标，如提高客户体验、拓展市场份额、改善员工满意度等。非财务指标能够直接衡量这些目标的实现情况，帮助管理层评估战略的有效性，并及时调整战略方向。非财务指标也可以用于跟踪长期价值的创造。传统的财务指标往往关注短期收益，而非财务指标可以帮助组织关注长期可持续性和利益相关者价值的创造。例如，关注社会和环境绩效可以确保组织在长期内能够维持可持续经营。

引入非财务指标还可以提高透明度和沟通。向内外部利益相关者报告非财务指标可以传达组织的社会责任和可持续发展承诺，增强其声誉和信任度。这有助于建立更紧密的利益相关者关系，吸引投资者、客户和员工。引入非财务指标是创新财务会计目标的重要方式，它可以提供更全面、战略性和可持续的绩效评估，有助于组织更好地反映其整体绩效和社会价值，满足不断变化的市场和社会期望，并支持战略决策和长期成功。

（三）实时财务数据

技术创新在财务会计领域的应用提供了实现实时监控和报告的机会，这对管理层来说具有重要意义。实时监控和报告通过技术创新变得更加可行。传统的财务报告通常依赖于周期性的数据收集和处理，导致信息的滞后性。但随着信息技术的不断发展，现在可以实现数据的实时捕获和处理。这意味着财务数据可以在发生时立即被记录和传输，管理层可以随时访问最新的财务信息，有助于更及时地了解组织的财务状况和业绩。实时监控和报告使管理层能够更迅速地做出决策。在市场竞争激烈和变化迅速的环境中，及时的信息对于决策制定至关重要。通过实时监控，管理层可以立即识别潜在问题、机会或风险，并采取相应的行动。这有助于组织更灵活地应对市场变化，快速调整战略和战术。

实时监控和报告可以提高了决策的数据驱动性。管理层根据实时数据进行更准确的分析和预测，而不是依赖于过时的信息。这使决策更加基于事实，降低不确定性和错误的风险。例如，在实时销售数据的支持下，管理层可以优化库存管理、定价策略和市场营销活动。实时监控和报告可以增强管理层的决策透明度。通过技术创新，管理层可以访问详细的财务数据和报告，包括可视化工具和分析仪表板。这些工具提供更清晰的数据可视化，使管理层更容易理解财务绩效和趋势。实时报告还可以促进内部沟通和协作，确保各个部门和团队都有相同的信息基础。技术创新为实现财务数据的实时监控和报告提供了强大的工具。这一趋势使管理层能够更迅速地做出决策，更好地应对市场变化，并基于更准确的数据进行决策。实时监控和报告不仅提高了管理层的决策效率，还增强了决策的数据驱动性和透明度，有助于组织在竞争激烈的商业环境中取得成功。

三、实施和持续改进

实施和持续改进是组织成功的关键要素。这两个方面密切相关，共同推动组织向着目标不断前进。实施是将计划和策略付诸实践的过程。它涉及将理念和目标转化为具体的行动步骤和计划。实施需要明确的指导和计划，以确保资源的合理配置和任务的完成。同时，有效的沟通和协作也是实施的关键，以确保各个部门和团队能够协调行动，朝着共同的目标努力。实施并不是一次性的事情，而是一个连续的过程。这就引入了持续改进的概念。持续改进是组织不断寻找优化机会，提高效率和质量的过程，包括对实施的过程和结果进行评估和反馈，以识别潜在的问题和改进点。持续改进需要组织建立学习文化，鼓励员工提出建议，分享经验，并接受反馈。这有助于组织不断适应变化的环境，提高其竞争力。

实施和持续改进之间存在密切的相互关系。实施是启动持续改进的起点，因为它提供了反馈和学习的机会。一旦实施开始，组织就可以根据实际经验和结果来调整和改进计划和策略。这可以通过调整目标、重新分配资源、改进流程或采取其他措施来提高绩效。持续改进也可以影响实施的方式。组织可能会根据改进的见解和最佳实践来调整实施计划，以确保更好地实现目标。持续改进还可以提高组织的适应能力，使其能够更快地应对变化和挑战。实施和持续改进是组织成功的双重引擎。实施将计划付诸实践，而持续改进确保组织在实践中不断学习、适应和优化。这两个方面需要紧密协作，确保组织能够不断提高绩效、适应变化并实现其长期目标。管理层的领导和员工的积极参与都是实施和持续改进的关键。

（一）建立适当的系统和流程

实施创新的财务会计目标需要建立适当的系统和流程，以确保数据的准确性、一致性和安全性。这些系统和流程是支撑财务会计目标实现的关键要素，对提供可靠的财务信息至关重要。建立健全财务信息系统必不可少。这个系统应当能够自动化数据收集、处理和存储，减少人为错误的发生，并确保数据的及时性，包括使用先进的会计软件和技术，以支持财务数据的录入、分类、计算和汇总。系统应当能够处理大量的数据，同时保持数据的一致性和准确性。建立内部控制和审计流程是确保数据准确性和安全性的关键步骤。内部控制包括制定明确的会计政策和程序，确保财务交易的合规性和透明性。审计流程包括定期的内部审计和外部审计，以验证财务信息的准确性和合法性。这有助于发现和纠正潜在的错误和不正当行为。

数据一致性也是非常重要的。财务信息应当在整个组织内保持一致，以便不同部门和管理层之间能够共享和理解财务数据。为了实现一致性，需要建立明确的报告标准和定义，确保所有人都使用相同的术语和方法来处理财务信息。数据安全性也是至关重要的。财务数据包含敏感信息，如收入、成本、债务和资产。因此，需要建立安全的数据存储和访问控制措施，保护数据免受未经授权的访问和恶意攻击，包括数据加密、身份验证和访问审计等安全措施。培训和教育是确保系统和流程有效运行的关键因素。员工需要了解和遵守会计政策和程序，以确保财务数据的准确性和合规性。他们还需要培训，以了解如何正确使用财务信息系统和工具。建立适当的系统和流程对实施创新的财务会计目标至关重要。这些系统和流程有助于确保财务数据的准确性、一致性和安全性提供可靠的财务信息，支持管理层和决策者在战略制定、资源分配和绩效评估方面做出明智的决策。这是创新财务会计目标的基础，有助于组织在竞争激烈的商业环境中取得成功。

（二）培训和发展团队

培训和发展财务团队，使其具备新的技能和知识，以适应创新路径的需求，是创新财务会计目标的关键步骤之一。这一举措的重要性在于财务团队需要不断更新和提升自身的能力，以适应快速发展的商业环境和技术变革。培训和发展财务团队可以帮助他们掌握新的技术工具和数据分析技能。现代财务会计越来越依赖于先进的技术，如大数据分析、人工智能和区块链等。财务团队需要具备使用这些工具的能力，以更有效地处理和分析财务数据，提高数据的准确性和可靠性。

培训和发展还有助于财务团队了解新的会计准则和法规。会计准则和法规不断演变，特别是在涉及环境、社会和治理（ESG）领域。财务团队需要了解最新的法规要求，以确保组织的财务报告合规性，并及时适应变化。培训和发展也涉及提高团队的沟通和协作能力。创新的财务会计目标强调非财务指标和绩效评估的重要性，这需要财务团队与其他部门和利益相关者更紧密地合作。团队需要培养跨功能团队协作的技能，以确保综合性的绩效评估和报告。培训和发展还可以鼓励财务团队拥抱变革和创新思维。财务团队需要不断寻求改进和优化的机会，以提高财务流程的效率和质量。培训和发展可以培养团队成员的创新意识，鼓励他们提出新的解决方案和方法，以满足创新财务会计目标的需求。培训和发展财务团队是实现创新财务会计目标的关键举措之一。它有助于财务团队跟上技术和法规的发展步伐，提高团队的能力和适应性，为组织提供更强大的财务支持和决策能力，还有助于确保财务会计在组织中发挥更大的战略价值，促进长期成功和可持续性。

（三）持续改进

创新路径的持续改进和调整对组织实现财务会计目标至关重要。这一过程不仅可以确保目标的实施效果最大化，还可以使组织更具适应性和竞争力，定期评估财务会计目标的实施效果是确保组织在正确轨道上的关键步骤。实施财务会计目标是一个复杂的过程，可能涉及多个部门和流程的协调。因此，组织需要定期审查目标的实施进展，以确定是否达到预期结果。这可以通过比较实际绩效与目标之间的差距来实现，识别潜在的问题和瓶颈。

反馈是改进的关键。组织应该积极收集员工、客户和利益相关者的反馈，了解他们对财务会计目标实施的看法。这种反馈可以揭示潜在的问题和机会，帮助组织更好地理解市场需求和客户期望。同时，反馈也可以提供员工的见解，有助于改进内部流程和团队协作。市场变化是不可避免的。商业环境不断演变，竞争条件也在不断变化。因此，组织需要灵活地调整财务会计目标以适应这些变化。这可能涉及调整战略、重新分配资源、优化产品组合或改进市场营销策略。定期审查市场趋势和竞争情况是调整目标的关键。

改进和调整不仅可以纠正问题，还可以寻找创新的机会。通过识别改进点，组织可以开发新的方法和策略，以更好地实现财务会计目标，包括采用新技术、推出新产品或服务、拓展市场份额等创新举措。组织应定期评估财务会计目标的实施效果，并根据反馈和市场变化进行调整。这一过程有助于确保组织在不断变化的环境中保持竞争力，并最大化财务会计目标的实现效果。同时，它也为组织的创新和绩效的提高提供了机会，从而实现长期成功和可持续增长而管理层的领导和承诺是实施这一过程的关键。

第五章 管理视角下财务会计内容及其创新

第一节 管理视角下的财务会计资产管理

在企业的管理视角下，财务会计资产管理是一项至关重要的任务，它直接关系到企业的财务稳定和经营效益。资产管理是一项复杂的工作，要求企业充分了解其资产状况，以便做出明智的决策，提高资产的使用效率，降低潜在的风险。资产管理要求企业对其资产进行全面的登记和记录。这意味着企业需要详细了解其资产种类、数量和价值。只有通过准确的资产记录，企业才能确保其财务报表的准确性，这是财务会计的基本要求之一。资产管理涉及资产的评估和审计。企业需要定期对其资产进行评估，以确定其当前价值和未来的潜在价值。这有助于企业更好地了解其资产的价值动态，以便做出相关决策。

资产管理还包括对资产的有效利用和维护。企业需要确保其资产得到充分利用，以实现经济效益的最大化。同时，资产的维护和保养也是至关重要的，以延长资产的使用寿命，降低维修和更换的成本。风险管理也是资产管理的一个重要方面。企业需要识别和评估与资产相关的风险，制定相应的风险管理策略，以减轻潜在的损失。这包括对资产的保险和安全措施的考虑。资产管理还需要考虑资产的处置。企业可能需要出售或报废一些资产，或者进行资产的重组和合并。在这种情况下，资产管理需要仔细规划和执行，以确保最大化价值的实现。管理视角下的财务会计资产管理是一个复杂而综合性的任务，它要求企业全面了解和有效管理其资产，以实现财务稳定和经营效益的最大化。只有通过精细的资产管理，企业才能在竞争激烈的市场中立于不败之地。

一、财务会计资产管理的概述

财务会计资产管理是企业中的一项关键职能，旨在有效地管理和监督企业的各类资产，以确保资产的准确记录、合理配置、最大化价值和风险控制。这一过程涉及对资产的全面了解，包括资产种类、数量、价值和质量等方面的信息。

资产管理的第一步是资产的登记和记录。企业需要维护详细的资产清单，包括土地、建筑物、设备、存货等各种类型的资产。这些记录是确保资产财务信息准确和透明的基础，有助于制定决策和规划。

一旦资产被记录下来，接下来的任务是对其进行评估和审计。这包括了定期对资产的价值进行评估，以反映市场变化和资产的实际价值。审计也有助于检查资产是否受到损害或盗窃，以及资产是否按规定使用。资产管理还包括了资源的合理配置。企业需要决定如何最好地利用其有限的资源，以支持业务运营和实现战略目标。这可能涉及投资新资产、维护旧资产或出售不再需要的资产。

企业需要识别与资产相关的各种风险，并采取措施来降低这些风险的影响。这包括对资产的保险、安全措施和规定合规性的检查。资产管理还需要考虑维护和维修。企业需要定期检查和维护资产，以确保其正常运作并延长使用寿命，以减少不必要的维修成本和业务中断。资产管理还涉及资产的处置。企业可能需要出售或报废一些资产，或者进行资产的合并和重组。这需要仔细地规划和执行，以确保最大化价值的实现。财务会计资产管理是一项综合性的任务，涵盖了资产的登记、评估、配置、风险管理、维护和处置等多个方面。它是确保企业财务稳健和经营高效的关键要素，要求企业精确记录和管理其资产，以支持长期的可持续增长和竞争力。

（一）财务会计资产管理的定义和重要性

财务会计资产管理是指在组织内部有效地管理和监督各类资产的过程。这些资产包括但不限于土地、建筑物、设备、存货、投资和现金等。财务会计资产管理的主要目标是确保这些资产被充分记录、合理配置、最大化价值、降低风险以及遵守法规和会计准则。在组织内部，财务会计资产管理具有至关重要的重要性。资产是组织的重要资源之一，对于组织的正常运营和发展至关重要。通过有效的资产管理，组织可以确保这些资源得到充分利用，支持其核心业务，提高生产力和盈利能力。财务会计资产管理有助于确保资产的准确记录和报告。准确的资产记录是财务报表的基础，它们提供了有关组织财务状况的重要信息。只有通过准确记录资产，组织才能遵守会计准则和法规，向股东、投资者和监管机构提供可信的财务信息。资产管理还有助于降低风险。组织需要识别和评估与资产相关的各种风险，包括资产损失、盗窃、损坏和技术陈旧等。通过有效的资产管理，采取措施来减轻潜在的风险，保护资产价值和组织的财务健康。

资产管理还与资源分配和预算控制有关。组织需要合理分配资源，以支持资产的维护、更新和购置。这需要考虑资本预算和成本控制，确保资金的有效使用和支持组织的长期战略目标。财务会计资产管理还涉及资产的处置。组织可能需要出售或报废一些资产，或者进行资产的重组和合并。在这种情况下，资产管理需要仔细规划和执行，确保实现价值的最大化。财务会计资产管理在组织内部具有重要的地位。它有助于确保资产的有效管理、财务信息的准确性、风险的控制、资源的合理分配以及资产处置的有效实施。这些因素共同支持组织的财务健康和可持续增长，对于组织的长期成功至关重要。

（二）财务会计资产管理的目标

财务会计资产管理的主要目标包括资产的保值、合规性和财务报告。资产管理是企业财务体系的核心，对维护财务健康和可持续经营至关重要。资产的保值是资产管理的重要目标之一。企业需要确保其资产在时间内不会贬值，或者至少降低贬值的速度。这涉及有效地管理和维护资产，以延长其寿命并确保其能够继续发挥作用。资产保值也包括风险管理，以减少不可预测的损失，例如自然灾害或盗窃。合规性是财务会计资产管理的另一个重要目标。企业需要遵守各种法律法规和会计准则，以确保财务报表的准确性和透明度。合规性涉及记录和报告资产交易的准确性，以及遵循会计原则和税法规定。不合规性可能导致法律问题和财务风险，因此企业必须严格遵守规定。

财务报告是财务会计资产管理的关键目标之一。企业必须准确地记录和报告其资产的价值，以便投资者、股东和其他利益相关方了解企业的财务状况。财务报告不仅需要合规性，还需要透明度和可靠性。资产管理包括确保报告资产价值的准确性，并提供详细的信息，以支持决策制定和财务分析。财务会计资产管理的主要目标是资产的保值、合规性和财务报告。这些目标在维护企业的财务健康和可持续经营中起着关键作用。通过有效管理资产、遵守法规和会计准则，以及提供准确透明的财务报告，企业可以增强信任，降低风险，并为未来的增长和发展奠定坚实基础。财务会计资产管理是企业管理的核心要素，对实现长期成功至关重要。

二、财务会计资产管理的实践与方法

财务会计中的资产管理是企业财务运营的核心要素之一。资产管理旨在最大化资产的价值，同时确保其合理的使用和保护。在实践中，资产管理涉及多种方法和策略。资产管理的一项关键实践是资产分类和评估。企业需要准确识别和分类其各种资产，包括固定资产、流动资产和无形资产等。这有助于确定资产的价值和潜在风险。资产评估通常包括定期的资产估值，以确保其反映当前市场价值。资产折旧和摊销是一种常见的资产管理方法。折旧适用于固定资产，摊销则适用于无形资产。通过将资产的成本分摊到其有用寿命内，企业可以在财务报表中准确反映资产的价值变化，同时也合规地计提费用。

资产清单和跟踪也是资产管理的重要实践。企业需要建立和维护详细的资产清单，记录每项资产的信息，包括购置日期、成本、位置等。跟踪资产的使用和维护有助于防止资产丢失或损坏，提高资产的管理效率。另一种资产管理的方法涉及风险管理。企业需要识别和评估与资产相关的风险，如市场风险、信用风险和操作风险。然后，采取适当的风险管理措施，以减少潜在的损失和风险。资产管理还包括决策制定和资本预算。企业需要评估资产投资的回报率，并权衡不同项目之间的优先级，以确保资本用于最有利可图的投资，并支持企业的战略目标。

资产处置也是资产管理的一部分。企业需要决定何时处置或出售不再需要的资产，并记录相关的交易，以便释放资本，改善资产配置。财务会计中的资产管理涉及多种实践和方法，从资产分类和评估到资产折旧、风险管理和决策制定。通过有效的资产管理，企业可以优化其财务表现，降低风险，并支持长期可持续的发展。

（一）资产分类与识别

对不同类型的资产进行分类和识别在财务报表中是非常关键的，因为这有助于提供准确、透明且可比性的财务信息。分类和识别是按照会计准则和规定的要求进行的，资产应该根据其性质和用途进行分类。常见的资产类别包括流动资产和非流动资产。流动资产是指那些在一年内可变现或用于日常经营活动的资产，如现金、存货和应收账款。非流动资产则是指长期资产，如土地、建筑、设备和投资。通过将资产分为这两类，可以更好地理解其流动性和长期价值。资产还可以根据其性质和来源进一步细分，例如，非流动资产可以分为固定资产、投资性房地产和其他非流动资产。这有助于更具体地识别和报告各种资产的特定信息，以满足会计准则和法规的要求。

识别资产还包括确定资产的所有者。通常涉及将资产归属于企业自己的所有者权益或属于他人的负债资产和负债的分离，以确保资产和负债的准确报告。资产的价值也需要合适地识别。这涉及资产的初始成本和后续评估。初始成本通常是指购买或获取资产时支付的金额，后续评估可能包括资产的折旧、减值或重新估价。这有助于确保资产的准确价值反映在财务报表中。识别和分类还需要符合会计准则和法规的要求，以确保财务报表的合规性和透明度。这包括遵守国际财务报告准则（IFRS）或美国通用会计准则（GAAP）等相关规定，以满足监管机构、投资者和其他利益相关方的需求。对不同类型的资产进行分类和识别是财务报表编制的重要步骤之一。它有助于提供准确、透明且可比性的财务信息，满足会计准则和法规的要求，帮助组织更好地理解和管理其资产。这是确保财务报表准确性和可信度的关键因素，对于组织的财务健康和稳定性至关重要。

（二）资产评估与计量

资产的评估方法多种多样，其中两种主要的评估方法是历史成本法和公允价值法。资产的计量是确定资产价值的过程，其具体方法取决于所采用的评估方法。历史成本法是最常见的资产评估方法之一。它基于资产的实际购买成本来确定其价值，这意味着资产的计量是以资产购买时支付的实际金额为基础的。历史成本法适用于许多种类的资产，如固定资产、存货和无形资产。然而，它有一个缺点，即不能反映资产的市场价值或潜在升值。公允价值法是另一种常见的资产评估方法。这种方法是根据市场上的交易价格或其他可观察到的市场数据来确定资产的价值。公允价值法更适用于金融资产和投资，因为它更能反映市场波动和价值变化。这种方法具有更大的灵活性，可以更准确地反映资产的真实价值。

资产的计量方法取决于所采用的评估方法。对于历史成本法，计量通常比较简单，因为它基于已知的购买成本。然而，对于公允价值法，计量可能更加复杂，需要考虑市场条件、估计技巧和模型应用。例如，对于股票投资，公允价值可能是根据市场交易价格确定的，而对于不流通的股票，可能需要使用估值模型进行计算。公允价值法还涉及资产价值的定期重新评估。资产的市场价值可能会波动，需要定期更新资产的公允价值，以确保财务报表准确反映了资产价值的变化。资产的评估方法包括历史成本法和公允价值法。资产的计量取决于所采用的评估方法，历史成本法通常基于实际购买成本，而公允价值法基于市场价格或其他市场数据。评估和计量资产是财务会计中的关键过程，影响着财务报表的准确性和可信度。

（三）资产折旧与摊销

资产折旧和摊销是财务会计中的重要概念，它们用于反映资产价值的逐渐减少和支出的分摊，以在财务报表中准确反映企业的财务状况。资产折旧是指长期资产价值的逐年减少。这是因为资产的使用和耗损，例如设备、机器和房地产，会随着时间的推移而减少其价值。折旧是一种会计方法，用于反映这种价值减少。通常，企业会采用线性折旧或加速折旧方法来计算资产的折旧费用。线性折旧将资产的价值均匀分摊到其有限寿命内，而加速折旧则在资产的使用初期更多地减少其价值，然后逐渐减少。摊销是指将某些资产的费用分摊到一段时间内，以符合会计准则和法规的要求。典型的例子是无形资产，如专利、版权和商誉。这些资产的价值通常会在一段时间内逐渐减少，故而需要摊销以反映其实际价值。摊销费用通常通过直线摊销或加速摊销来计算，并在财务报表中反映。

在财务报表中反映资产折旧和摊销费用是通过两个主要账户来实现的。折旧费用和摊销费用。这些费用会计入企业的损益表（也称为收入表），以反映特定期间内的费用。折旧费用通常会计入生产成本或销售成本中，影响毛利润。摊销费用通常会计入运营费用中，影响净利润。折旧和摊销的累计额会在财务报表的资产部分反映。资产会按其原始成本减去折旧或摊销的金额列示。这称为累计折旧或累计摊销。这一累积金额减少了资产的账面价值，更准确地反映了资产的实际价值。资产折旧和摊销是财务会计中的关键概念，用于反映资产价值的减少和费用的分摊。它们通过折旧费用和摊销费用的计量，以及累积折旧和摊销的反映，在财务报表中准确地呈现了企业的财务状况。这有助于投资者、债权人和其他利益相关方更好地了解企业的财务表现和资产价值。

三、管理视角下的财务会计资产管理

管理视角下的财务会计资产管理是企业管理中至关重要的一环。资产是企业的重要资源，对企业的运营和盈利能力产生深远影响。资产管理涵盖了资产的获取、使用和处置，以最大程度地实现资产的价值和效益。资产的获取是资产管理的首要任务。企业需要谨慎选择投资项目，以确保投资的资产能够产生足够的回报。资产的获取需要考虑成本、风险和预期收益，以便做出明智的决策。企业还需要审慎管理融资，以确保获取资产的方式不会对财务稳健性产生负面影响。资产的使用是资产管理的核心。企业需要有效地利用资产，以提高生产力和盈利能力。包括优化生产流程、合理配置设备和人力资源，以及保养和维护资产，确保其长期有效运营。资产使用还涉及监测资产的绩效，以及及时采取措施来纠正问题和优化资源配置。

资产的处置也是资产管理的关键方面。企业需要决定何时以何种方式处置资产，以获取最大的回报。这可能涉及出售不再需要的资产，或者进行投资组合的重新调整。处置资产的决策需要考虑市场条件、资产的残值和税务因素等多个因素。管理视角下的财务会计资产管理是企业成功的关键因素之一。通过谨慎的资产获取、高效的资产使用和明智的资产处置，企业可以最大化资产的价值，提高盈利能力，实现长期可持续的增长。资产管理需要持续的监测和决策，以适应不断变化的市场和业务环境，确保企业能够保持竞争力。

（一）资产配置与战略决策

财务会计资产管理在支持组织的战略决策中起到至关重要的作用。通过有效地管理资产，组织能够更好地实现其战略目标，包括投资、扩张和收缩等方面的决策。资产管理支持投资决策。当组织考虑投资新项目或资产时，财务会计资产管理可以提供有关现有资产状况的关键信息。管理层可以根据资产的价值、可用性和流动性来评估是否需要筹集额外资金，以支持投资计划。这有助于确定投资项目的可行性，以确保资本的有效利用。资产管理支持扩张决策。当组织计划扩大业务规模时，需要充分了解现有资产的情况以及是否需要新的资产。管理层可以通过资产管理确定是否需要增加设备或人力资源，并评估扩张对资产配置的影响，确保规划资源分配和扩张计划的顺利实施。

资产管理还支持组织的战略选择。不同的战略可能需要不同类型和数量的资产。例如，市场扩张战略可能需要增加存货，而成本控制战略可能需要减少设备和库存。通过资产管理，组织可以根据其战略目标来调整资产配置，以最大化战略的有效性。资产管理也支持组织的风险管理。在制定战略决策时，组织需要考虑资产价值的波动和风险。管理层可以使用资产管理工具来识别潜在的风险因素，并采取措施来降低风险，以确保战略决策的可持续性。资产管理还有助于确定收缩战略的执行。当组织需要缩小规模或处置不必要的资产时，资产管理可以提供有关哪些资产应该被剥离以及如何最大化其价值的信息，确保资产处置的高效和符合组织的利益。财务会计资产管理对于支持组织的战略决策至关重要。它提供了有关资产状况、可行性和风险的关键信息，帮助管理层更好地理解和规划投资、扩张和收缩等决策。通过有效的资产管理，组织能够更好地实现其战略目标，提高竞争力，并确保长期的成功和可持续增长。

（二）绩效评估与报告

财务会计资产管理在评估组织绩效方面起着关键作用，同时也为内部和外部利益相关者提供了重要信息。以下讨论如何使用财务会计资产管理来实现这些目标。财务会计资产管理通过记录和跟踪组织的资产，为内部管理层提供了关于资源分配和资本运用的重要信息。管理层可以根据资产的情况决定是否需要采取措施来优化资产配置，如减少不必要的资产或增加对关键资产的投资，进一步提高资源的有效利用，最大化资产的回报率，增强组织的绩效。财务会计资产管理为外部利益相关者提供了关于组织财务健康和可持续性的信息。通过财务报表中的资产信息,股东、投资者和潜在投资者可以评估组织的财务稳定性和资产价值。这些信息可以影响他们的投资决策,以及对组织未来前景的信心。

财务会计资产管理还有助于评估组织的盈利能力。资产的管理和利用直接影响到盈利能力。通过比较资产的回报率和资产负债表上的负债,可以计算出资产的利润率,评估组织的盈利能力。这种信息对内部管理和外部投资者都非常重要。财务会计资产管理还涉及风险管理。了解资产的价值和风险有助于组织识别潜在的风险,并采取适当的风险管理措施。风险管理可以降低不良资产负债比率,提高财务稳定性,有助于组织绩效的持续改善。财务会计资产管理还涉及资产的定期审计和评估。内部审计部门可以对资产进行审计,以确保资产的准确性和合规性。审计结果提供了内部管理层和外部审计师关于资产管理的反馈,有助于改进和完善资产管理过程。财务会计资产管理对于评估组织的绩效至关重要,并为内部和外部利益相关者提供了重要信息。它不仅涵盖资产的记录和跟踪,还包括风险管理、资产回报率和定期审计等关键方面。通过有效的资产管理,组织可以提高资源的有效利用,增强财务稳定性,实现更好的绩效和可持续发展。

(三)风险管理与合规性

财务会计资产管理在风险管理和合规性方面发挥着关键作用。在企业运营中,资产是有限资源,它们的管理涉及风险的识别、评估和管理,同时也需要遵守复杂的会计准则和法规。资产管理有助于识别和管理风险。企业的资产包括各种类型的资产,如现金、设备、房地产和无形资产。不同类型的资产面临不同的风险,如市场风险、操作风险和法律风险。通过对不同资产的仔细管理,企业可以识别并评估这些风险,并采取适当的措施来降低或转移风险。例如,企业可以购买保险来降低财产风险,或者采取措施来减少设备故障的风险。财务会计资产管理有助于确保合规性。企业必须遵守一系列的会计准则和法规,以确保财务报表的准确性和透明度。这些规定包括国际财务报告准则(IFRS)和美国通用会计准则(GAAP),以及各种国家和地区的法律法规。资产管理需要确保所有交易和操作都符合这些规定。例如,企业必须按照准则的要求计算折旧和摊销,以确保财务报表的准确性。

资产管理还包括对资产的定期审计和检查,以确保合规性。审计可以帮助企业发现潜在的合规性问题，并及时采取措施解决这些问题。这有助于避免潜在的法律风险和罚款。财务会计资产管理还涉及与外部审计师和监管机构的合作。这些机构会对企业的财务报表和资产管理进行审计和监督，以确保合规性和透明度。企业需要积极配合这些审计和监管工作，以满足法规和会计准则的要求。财务会计资产管理在风险管理和合规性方面发挥着关键作用。它有助于企业识别和管理风险，确保合规性，以及满足复杂的会计准则和法规要求。通过有效的资产管理，企业可以降低财务风险，增强透明度，维护声誉，为可持续的经营和发展打下坚实基础。

第二节　管理视角下财务会计负债和所有者权益管理

财务会计在管理视角下的负债和所有者权益管理具有关键意义。负债是企业的债务责任，而所有者权益代表所有者对企业的投资。有效管理这两者可以确保企业的财务健康和可持续性。负债管理涉及企业如何融资其运营和发展。企业需要谨慎选择负债工具，以平衡债务成本和风险。高杠杆率可能会增加财务风险，降低偿债能力，而低杠杆率则可能限制企业的增长潜力。因此，管理者需要根据企业的需求和市场条件来制定负债策略。所有者权益管理涉及如何维护和增加股东的权益，包括盈利分配、股票回购和股息政策等方面。企业必须确保股东获得合理的回报，同时也需要考虑将部分利润用于再投资以支持未来的增长。良好的所有者权益管理可以提高股东满意度，增加企业的市值。负债和所有者权益管理还涉及企业的资本结构。资本结构的合理配置对降低财务风险和降低成本至关重要。管理者需要权衡使用内部资本和外部融资的利弊，以确保企业的长期稳健发展。

负债和所有者权益管理也与财务透明度和合规性相关。管理者需要确保企业的财务报告准确、及时，并符合法律法规的要求。这有助于建立投资者信任，维护企业声誉。财务会计中的负债和所有者权益管理是管理者的核心职责之一，它涉及资金的合理使用、投资者的权益保护以及财务可持续性的确保。通过谨慎的决策和合适的策略，企业可以实现财务稳健和可持续的发展。

一、财务会计负债和所有者权益管理的概述

财务会计负债和所有者权益管理是企业财务管理中的关键方面。包括企业在经济活动中所承担的债务和所有者权益的记录、管理和控制。这两个方面对确保企业财务健康和可持续性至关重要。负债管理涵盖企业的债务记录和管理。债务是企业向外部借款或发行债券筹集资金的方式。企业需要详细记录债务的种类、金额、利率和到期日等信息，以便合理规划还款和利息支付。债务管理还包括确保企业按时履行其还款承诺，以维护信用和降低融资成本。所有者权益管理关注的是企业的所有者权益，包括普通股、优先股和留存收益等。企业需要记录股东的权益份额，包括股本和股东权益变动，例如分红和股份回购。管理股东权益也包括了确保公司遵守法律法规和股东协议，以保护股东权益。

负债和所有者权益管理还涉及财务报表的准确编制。企业需要按照会计准则和法规要求，将负债和所有者权益项目正确地反映在财务报表中，以提供透明度和可比性，这有助于股东、投资者和监管机构更好地了解企业的财务状况。这两个方面还与企业的风险管理密切相关。企业需要考虑如何管理债务风险，以防止财务危机和违约风险。同时，管理所有者权益也要考虑如何平衡股东权益与公司的经营需求，以确保企业的长期可持续发展。负债和所有者权益管理还需要对外部融资和投资者关系进行有效管理。企业需要与债权人和股东保持沟通，提供及时的财务信息和报告，以建立信任和吸引投资，使公司获得融资支持和维护良好的声誉。财务会计负债和所有者权益管理是企业财务管理的核心组成部分，涉及债务和股东权益的记录、管理和控制，以确保财务健康和稳健经营。这些管理方面需要精确记录、合规报告、风险管理和外部沟通，以支持企业的长期可持续增长和成功。

（一）财务会计负债和所有者权益管理的目标

财务会计负债和所有者权益管理的主要目标是确保企业有效管理和控制其债务和所有者权益，以维护财务稳健性、支持战略目标，并满足法律法规的要求。债务管理是财务会计中的关键目标之一。企业通常需要借款或发行债券来筹集资金，用于投资、扩张或运营资金。债务管理旨在确保企业能够合理规划和管理债务，以降低融资成本、维护信用等级，并保证按时偿还债务。

有效的债务管理还有助于优化资本结构，提高企业的财务稳健性。股权管理也是重要目标之一。企业通过发行普通股和优先股等方式吸引股东投资，并在股权管理方面需要确保公平、合理的股权分配。包括股权发行、股票回购、股息支付和股权结构的优化。股权管理有助于平衡股东权益与企业的经营需求，以维护股东信任和支持。

财务会计负债和所有者权益管理还包括风险管理。企业需要识别和管理与债务和股权相关的各种风险，如利率风险、市场风险和流动性风险等。风险管理措施可以包括利率敞口管理、股权套期保值和资本充足性测试，降低潜在的风险损失。财务会计负债和所有者权益管理也涉及财务报表的编制和披露。企业需要按照会计准则和法规的要求，将债务和股东权益项目正确地反映在财务报表中，以提供透明度和可比性。这有助于股东、投资者和监管机构更好地了解企业的财务状况。财务会计负债和所有者权益管理还需要与外部融资和投资者关系进行有效管理。企业需要与债权人和股东保持沟通，提供及时的财务信息和报告，建立信任并吸引投资。这有助于公司获得融资支持和维护良好的声誉。财务会计负债和所有者权益管理的主要目标是确保企业有效管理和控制其债务和所有者权益，维护财务稳健性、支持战略目标，并满足法律法规的要求。债务管理和股权管理是这个过程中的两个关键方面，它们需要精确记录、合规报告、风险管理和外部沟通，以支持企业的长期成功和可持续发展。

（二）财务会计负债和所有者权益管理的基本原则

财务会计负债和所有者权益管理的核心原则是确保负债和所有者权益在财务报表中准确反映。公允价值是一个重要的原则。负债和所有者权益中的某些项目，如金融资产和金融负债，应按照其公允价值列报。公允价值是市场上交易的价格，它揭露资产或负债的真实价值保证财务报表准确地反映了组织的财务状况。偿还能力也是一个核心原则。这意味着负债的偿还能力应该得到充分的关注。负债的到期日和还款计划需要明确，并且要确保组织有足够的流动资产来满足这些偿还需求，从而降低违约风险，维护信用信誉，为组织的长期可持续发展创造条件。

这意味着在面对不确定性时，应采用保守的估计方法。例如，如果存在不良的贷款风险，财务报表中应提供充分的准备金来覆盖潜在的损失。这有助于确保财务报表不夸大资产价值，维护财务报表的可靠性和透明性。财务报表应在不同期间之间保持一致，以便进行比较。这意味着会计政策和方法应在不同期间之间一致，以确保负债和所有者权益的呈现是可比的。这有助于投资者和利益相关者更好地理解组织的财务表现。财务会计负债和所有者权益管理的核心原则之一是透明性。财务报表应提供充分的信息，以便投资者和利益相关者能够理解组织的财务状况和绩效。透明度是建立信任的关键，有助于投资者作出明智的决策。财务会计负债和所有者权益管理的核心原则包括公允价值、偿还能力、谨慎性、连贯性和透明性。这些原则确保负债和所有者权益在财务报表中准确反映，有助于投资者和利益相关者更好地理解组织的财务状况和绩效，维护财务报表的可靠性和信誉，支持组织的长期可持续发展。

二、财务会计负债和所有者权益管理的实践与方法

在财务会计中，负债和所有者权益的管理至关重要，它们代表了企业的债务和所有者对资产的权益。有效的负债和所有者权益管理需要多种实践和方法。企业需要明智地选择融资工具，这包括债务融资和股本融资。债务融资涉及借款，而股本融资涉及发行股票。企业需要权衡两者的利弊，选择最适合其需求和风险承受能力的融资方式。负债管理需要谨慎考虑到期日和利率。管理者必须确保及时偿还债务，以避免不良信用记录和高额利息支付。同时，他们也需要利用有利的市场条件来获得低成本的融资。企业可能需要重新安排其债务结构，以减轻财务负担并改善流动性。这可以通过延长债务期限、降低利率或部分债务减免来实现，有者权益管理也需要特定的实践和方法。企业需要制定盈利分配政策。这包括确定股息政策和股票回购计划。合理的盈利分配可以提高股东价值，增加投资者信任。

企业需要谨慎管理资本结构。资本结构的合理配置可以降低财务风险，提高财务稳健性。管理者需要平衡内部资本和外部融资，以支持企业的运营和增长。股东权益也需要保护。企业必须确保股东的权益不受侵犯，并采取措施来防止潜在的恶意收购，包括采取反收购措施和制定股权计划以激励员工和管理层。透明度和合规性是负债和所有者权益管理的关键。企业需要遵守财务报告准则和法律法规，确保财务信息的准确性和透明度，从而建立投

资者信任和维护企业声誉。财务会计中的负债和所有者权益管理需要多种实践和方法，包括融资选择、债务重组、盈利分配政策、资本结构管理和股东权益保护。通过明智的管理决策和合适的策略，企业可以实现财务稳健和可持续的发展。

（一）股权管理

股权的发行、回购和股利支付是股权管理的重要方面，它们涉及企业如何筹集资金、管理股东权益、维护投资者关系以及分配利润。股权的发行是企业筹集资金的一种方式。发行新股通常是通过首次公开发行（IPO）或增发来实现的。在 IPO 过程中，公司首次向公众出售股票，并将其上市交易。增发是已上市公司发行额外股票的方式。在进行股权发行时，管理层需要确定合适的发行价格和数量，以吸引投资者，并确保筹集到足够的资金来支持公司的战略目标。股权回购是企业回购自己已经发行的股票的过程，可以通过市场回购或与股东进行私人交易来实现。回购股权通常是为了提高股价、降低股本或套现股东权益。管理层需要确定回购股权的时间、数量和价格，以最大化股东价值，并确保回购不会损害公司的财务健康。

股利支付是公司向股东分配利润的方式。股利可以以现金或股票的形式支付。管理层需要制定股利政策，确定股息金额和支付频率，以满足投资者的期望，并确保公司有足够的现金流来支持业务需求。股利政策通常需要考虑公司的盈利能力、财务稳健性和长期战略目标。股权管理还包括与投资者关系的有效沟通。公司需要与股东建立和维护良好的关系，提供透明、及时的财务信息，回应投资者的疑虑和问题，建立信任和吸引投资者，维护公司的声誉和股价稳定。

股权管理需要考虑法律法规和监管要求。不同国家和地区对股权发行、回购和股利支付设有一定的法律和监管要求。管理层需要确保公司的行为符合这些要求，以避免法律风险和处罚。股权的发行、回购和股利支付是股权管理的关键方面，涉及资金筹集、股东权益管理、投资者关系和利润分配等重要问题。有效的股权管理需要管理层精确的决策和与股东的互动，以支持公司的长期成功和可持续发展。同时，必须合规遵守法律法规，以确保公司的行为合法和可靠。

（二）资本结构优化

优化资本结构作为一项关键的战略决策，旨在平衡债务和股权的使用，最大程度地提高股东价值。这一过程涉及权衡不同类型资本的成本和风险，以确保组织能够最有效地融资和运营。优化资本结构的关键是了解债务和股权的特点。债务是以固定利率借入的资本，通常有明确的偿还期限，它的优势包括低成本和税收抵免。然而，它也带来了偿还债务的义务，以及利息支出的财务压力。股权是通过发行股票融资的方式获取的资本，不需要偿还，但会分配公司的所有权。股权的优势在于不增加财务负担，但可能会导致股东权益分散和股价波动。优化资本结构需要考虑组织的特定情况和目标。不同行业和公司具有不同的资本需求和风险承受能力。一些公司可能更倾向于使用债务，因为他们有稳定的现金流和较低的风险，而另一些公司可能更愿意使用股权，以支持增长和创新。

为了最大化股东价值，组织需要权衡债务和股权的使用。包括确定最优的债务水平，确保利息支出不会对盈利能力产生不利影响。同时，也需要考虑股权发行的时机和数量，避免股东权益过度分散。优化资本结构还需要考虑市场条件和投资者情绪。市场的利率和股价波动可能会影响债务和股权的成本和可用性。组织需要密切关注市场动态，以做出适时的融资决策。优化资本结构需要进行定期的监测和审查。市场和组织的情况都会发生变化，资本结构也需要不断调整。定期的财务分析和风险评估有助于确保资本结构的持续优化，以实现最大程度的股东价值。优化资本结构是一项复杂的战略决策，涉及权衡债务和股权的使用，最大程度地提高股东价值。这需要深入了解不同类型资本的特点，考虑组织的特定情况和目标，密切关注市场条件，以及进行定期的监测和审查。通过谨慎和灵活的管理，组织可以实现资本结构的最佳优化，为股东创造最大的价值。

（三）权益投资管理

组织对其他实体的权益投资包括子公司、联营和联合企业。管理这些投资是企业战略决策的一部分，涉及资本配置、风险管理和财务报告等方面。管理子公司是一个关键任务。子公司是企业控股的子实体，通常具有相对独立的运营和财务活动。管理者需要制定战略，确保子公司的业务与母公司的整体战略一致，并对子公司的财务表现进行监控。管理者需要考虑如何最大化子公司的价值，包括资本注入、合并或出售等战略选择。联营的管理也是至关重要的。联营是企业与其他实体共同拥有和经营的实体，通常涉及风险共担和资源共享，管理者需要与合作伙伴密切合作，共同制定业务计划和战略，确保联营的业务顺利进行。财务报告中的联营投资需要按照适用的会计准则进行处理，包括股权法下的投资会计。

管理联合企业也需要专注。联合企业是企业与其他实体共同拥有的独立法律实体，通常涉及共同承担风险和共同投入资源。管理者需要与合作伙伴一起制定联合企业的治理结构和运营计划，确保双方的利益得到充分考虑。财务报告中的联合企业投资也需要按照会计准则的规定进行处理，以反映企业在联合企业中的权益。管理组织对其他实体的权益投资需要综合考虑战略、风险和财务报告等方面。管理者需要密切关注这些投资的运营和财务状况，确保它们符合企业整体战略，并且合规性得到维护。这需要不断的监督、合作和适应，以满足不断变化的市场和业务环境的需求，最终实现投资的最大化价值。

三、管理视角下的财务会计负债和所有者权益管理

管理视角下的财务会计负债和所有者权益管理至关重要。负债和所有者权益是企业资本结构的两个主要组成部分，它们的有效管理对企业的长期可持续发展至关重要。负债管理是企业的关键职能之一。企业需要仔细规划和管理负债，确保资金充足，但不会造成过度债务负担。负债可以用来融资企业的发展和扩张，但管理者必须谨慎选择负债工具，确保负担可承受。负债管理还包括有效地管理贷款的利率和还款期限，降低财务风险。所有者权益管理是财务会计的另一个关键方面。管理者需要关注股东权益的变化，包括股本的发行和回购，以及股利的分配。有效的所有者权益管理会影响企业的股价和市值，因此需要谨慎的决策和透明的沟通。管理者还需要考虑如何保护所有者权益，确保企业的长期稳健发展。

财务会计中的负债和所有者权益管理还涉及财务报表的准确和透明。管理者需要确保负债和所有者权益的信息在财务报表中得到正确反映，以满足法律法规和会计准则的要求。透明的财务报表可以增加投资者和利益相关方

的信任，有助于企业获得融资和支持。财务会计负债和所有者权益管理对企业的长期可持续发展至关重要。通过谨慎的负债管理，企业可以实现有效的融资发展，降低财务风险。管理者还需要有效地管理所有者权益，以满足股东的期望，并维护企业的市值。准确和透明的财务报表是负债和所有者权益管理的重要组成部分，有助于维护企业的信誉和可持续性。

（一）资本预算和投资决策

财务会计负债和所有者权益信息对资本预算和投资决策至关重要。这些信息为企业管理层提供了有关项目评估和投资回报率计算的关键数据，有助于更好地决策和优化资本配置。财务会计负债和所有者权益信息可以用于评估项目的融资需求。在进行资本预算时，管理层需要了解项目所需的资金量以及是否需要额外融资。通过分析负债信息，确定公司当前的债务水平和还款能力，确保新项目的融资不会对公司的财务稳健性造成不利影响。这些信息可用于评估项目的风险和财务可行性。管理层可以通过分析负债结构、债务成本和债务偿还计划来评估项目的财务可行性，确定项目的盈利潜力以及承担额外债务所带来的风险。管理层还可以评估项目对股东权益的影响，以确保项目的投资回报率达到公司的要求。

财务会计信息还可用于计算投资回报率（ROI）和财务指标，如净现值（NPV）和内部收益率（IRR）。这些指标是资本预算和投资决策的关键工具，用于评估项目的经济效益和潜在风险。管理层可以使用负债和所有者权益信息来估算项目的未来现金流量，并将其与项目的投资成本进行比较，确定投资回报率和财务可行性。负债和所有者权益信息还可以帮助管理层优化资本结构。通过分析当前的负债比例和权益比例，管理层可以决定是否需要调整资本结构以支持新项目。例如，如果公司的债务水平较高，管理层可以考虑发行新股或进行股权回购，以优化资本结构，减少债务负担，并提高公司的财务稳健性。财务会计负债和所有者权益信息还有助于提供透明度和可信度，对投资者和利益相关方来说，这是至关重要的。透明的财务信息有助于建立信任，吸引投资，并提供对项目评估和投资回报率计算的支持。财务会计负债和所有者权益信息在资本预算和投资决策中起着关键作用。它们用于评估项目融资需求、风险和财务可行性，计算投资回报率和财务指标，优化资本结构，并提供透明度和可信度。这些信息有助于管理层做出明智的决策，支持公司的长期成功和可持续增长。

（二）绩效评估与报告

财务会计负债和所有者权益信息是评估组织绩效的重要工具，同时也为内部和外部利益相关者提供了关键信息。负债和所有者权益信息可以用于评估组织的财务稳健性。财务报表中的负债信息包括借款、应付账款和其他长期负债，这些信息可以帮助分析组织的偿债能力并通过计算负债与所有者权益比率，评估组织的财务风险水平。低比率通常表明较低的财务风险，而高比率可能表明较高的财务杠杆。财务会计负债和所有者权益信息还可以用于评估组织的资本结构。资本结构包括债务和股权的组合方式，对组织的财务稳健性和成本结构产生影响。内部管理层可以通过分析资本结构来确定是否需要进行资本优化，降低成本或提高财务灵活性。外部投资者也会关注资本结构，以评估投资的风险和回报。

财务报表中的负债信息可以帮助内部管理层了解财务杠杆的水平，并评估其对盈利能力和股东价值的影响。适度的财务杠杆可以增加股东价值，但过高的杠杆可能会导致偿债能力不足。管理层需要根据负债信息制定财务杠杆策略，以平衡风险和回报。财务报表中的负债信息还可用于计算财务效率指标，如资产回报率和股东权益回报率。这些指标可以帮助评估组织的盈利能力和资本利用效率，对内部管理和外部投资者都非常重要。外部利益相关者，如投资者和潜在投资者，也关注财务报表中的负债和所有者权益信息，用以评估组织的财务稳健性和可持续性。他们希望看到组织在债务管理、负债与所有者权益比率和财务杠杆方面采取合理的策略。透明的财务报告有助于建立信任，维护投资者的信心，为组织提供更多的融资机会和投资支持。财务会计负债和所有者权益信息对评估组织的绩效和向内部和外部利益相关者报告至关重要。这些信息涵盖财务稳健性、资本结构、财务杠杆、财务效率和可持续性等关键方面，有助于组织管理和投资者做出明智的决策，从而实现股东价值最大化和长期成功。

（三）财务风险管理

财务会计负债和所有者权益管理在风险管理和合规性方面起着至关重要

的作用。它们直接涉及资本结构和财务健康，对企业的长期可持续经营至关重要。财务杠杆是指企业使用债务资本来增加投资回报的程度。管理者需要谨慎决策，以确定债务和权益的适当比例，以平衡风险和回报。高度杠杆化可能增加企业的财务风险，因为不论业务状况如何债务必须按时偿还。负债和所有者权益管理需要综合考虑资本结构，以确保企业具有足够的流动性来应对债务偿还和未来的经营需求。

流动性风险是企业面临的关键挑战之一。管理者需要确保企业有足够的流动性，以满足短期债务和经营需求。财务会计负债和所有者权益管理可以帮助管理者评估企业的流动性状况，包括当前负债和资本结构。通过合理管理负债，企业可以确保有足够的现金流来应对突发事件或市场波动。合规性是财务会计负债和所有者权益管理的一个重要方面。企业需要遵守各种法规和会计准则，以确保财务报表的准确性和透明度。管理者必须确保负债的记录和报告符合适用法规的要求。违反合规性可能导致法律问题和罚款，所以合规性管理至关重要。负债和所有者权益管理还涉及财务报表的披露。管理者需要向投资者和其他利益相关方提供关于企业负债和权益的详细信息，以增强透明度和信任，帮助投资者更好地了解企业的财务状况，作出明智的投资决策。

财务会计负债和所有者权益管理在风险管理和合规性方面发挥着至关重要的作用。它们不仅有助于管理者平衡负债和权益，管理财务杠杆和流动性风险还有助于确保企业遵守法规和会计准则，增强透明度，维护声誉，并为长期可持续经营创造稳定的财务基础。财务会计负债和所有者权益管理是企业管理的核心，对实现财务健康和可持续增长至关重要。

第三节　管理视角下财务会计收入、费用及利润管理

在企业经营中，财务会计扮演着至关重要的角色，它涵盖诸如收入、费用和利润等方面的关键信息。从管理的视角来看，财务会计不仅仅是一种记录和报告工具，它还在决策制定和资源配置中发挥着关键作用。就收入管理而言。企业通过识别不同来源的收入，可以更好地了解其盈利模式。管理者需要关注哪些渠道或产品线带来了最大的收入，以便调整策略以提高整体盈

利能力。财务会计还有助于监测收入的季节性波动，帮助管理层更好地规划和预测未来的财务状况。费用管理也是至关重要的。通过财务会计，企业可以追踪和分析各种费用项目，包括直接成本和间接成本。这有助于管理层识别哪些费用是不必要的或可以降低的，提高盈利能力，还有助于评估不同成本项目的效益，以确定哪些投资是值得的，哪些是不值得的。

利润管理是管理者的关键职责之一。财务会计提供了一个全面的利润情况概览，包括毛利润和净利润。管理者需要关注如何最大化毛利润，同时确保费用合理控制，以实现最终的净利润目标。财务会计还可以帮助管理层分析利润的来源，以便制定战略和决策，以增加盈利能力。从管理的角度来看，财务会计对收入、费用和利润的管理至关重要。它提供关键的信息，帮助管理者更好地了解企业的财务状况，并支持他们在决策制定和资源配置方面做出明智的选择。通过细致地管理这些方面，企业可以实现更好的盈利能力和可持续的增长。

一、财务会计收入、费用及利润管理的概述

财务会计中的收入、费用和利润管理是企业财务运作的核心。这三个方面相互关联，直接影响企业的盈利能力和财务稳定性。收入管理涵盖企业日常经营活动中获得的货币或其他经济利益，包括销售产品或提供服务所获得的收入，以及投资和其他非经营活动带来的收益。企业需要准确记录和报告所有收入来源，以确保财务报表的准确性和透明度。费用管理是企业为维持日常经营活动而发生的成本和开支，包括了原材料采购、员工工资、房租、电力和采购设备等各种支出。企业需要有效控制费用，以确保成本的合理性和可持续性。

收入和费用的关系直接影响企业的利润管理。利润是企业从经营活动中获得的净收入，它反映企业的盈利能力。通过增加收入、降低费用或两者兼顾，企业可以实现利润的最大化。利润管理不仅关乎企业的经济效益，还对股东、投资者和管理层的利益产生重要影响。这三个方面也与企业的税务管理紧密相关。税务管理涵盖如何最大限度地减少税收负担，合法降低企业的税务成本。通过合理的税务筹划、遵守税法和合规性，确保企业不会因税务问题而面临风险和损失。这些管理方面还与企业的战略规划和经营决策密切相关。

企业需要根据市场条件和竞争环境来制定收入、费用和利润的目标，以支持战略目标的实现，包括定价策略、市场推广、成本控制和产品创新等方面的决策。财务会计中的收入、费用和利润管理是企业财务管理的核心要素。这些方面之间的协调和管理能够确保企业的财务健康和可持续性。它们需要企业精确记录、合规报告、成本控制、战略规划和税务管理等多方面的努力，以支持企业的长期成功和可持续发展。

（一）财务会计收入、费用及利润的定义

收入、费用和利润是财务报表中的关键概念，它们反映企业经营活动的核心表现和财务状况。收入是企业从其主要经营活动中获得的货币流入。这通常来自销售产品或提供服务，是企业的主要来源之一。收入不仅代表了企业的业务活动的规模和规模，还反映了其市场份额和竞争地位。在财务报表中，收入通常显示在利润表（也称为损益表）中的顶部，被视为收入部分。费用是企业在生产和销售产品或提供服务时发生的成本，包括原材料、人工成本、运营费用和管理费用等。费用反映了企业的运营成本和经营效率，对确定企业的盈利能力至关重要。在财务报表中，费用通常显示在利润表的底部，被视为费用部分。

利润是企业的总体盈利情况，是收入减去费用的差额。利润是企业的核心财务指标之一，用于衡量企业的盈利能力和财务表现。它可以分为毛利润（即收入减去直接成本）、运营利润（即毛利润减去运营费用）和净利润（即运营利润减去管理费用和税收等）。在财务报表中，利润通常显示在利润表中，也可以作为企业财务状况的一部分出现在资产负债表中的所有者权益部分。这些概念在财务报表中的重要性不言而喻。收入代表企业的核心经营活动，反映了市场需求和销售能力。费用反映了企业的运营成本和经营效率，对利润的产生具有直接影响。而利润则是企业的最终财务目标，它影响了股东权益和企业的长期稳定性。通过财务报表，投资者、债权人、管理层和监管机构可以了解企业的盈利能力、财务状况和经营表现，从而做出投资、融资和管理决策。因此，收入、费用和利润是财务报表中的核心元素，对企业和各种利益相关方来说都具有重要意义。

（二）财务会计收入、费用及利润管理的目标

财务会计中的收入、费用和利润管理是企业管理的核心任务之一。这三个方面共同塑造了企业的盈利模式和财务表现，影响企业的长期可持续发展。盈利能力是财务会计管理的主要目标之一。企业追求盈利，以确保其经济健康和可持续经营。管理者的任务是制定战略决策，以最大化企业的毛利润和净利润，包括制定定价策略，以确保产品或服务的销售价格能够覆盖成本并提供足够的利润。企业还需要不断寻找新的盈利机会和市场份额，以增加收入。成本控制也是财务会计管理的重要目标之一。企业需要谨慎控制各种费用，包括直接成本和间接成本，以提高利润率。费用管理涉及优化生产流程，降低生产成本，并确保资源的高效利用。管理者需要管理固定成本和变动成本之间的平衡，保证在不同市场条件下仍能保持盈利能力。财务会计中的利润管理也涉及利润分配和再投资。管理者需要决定如何处理企业所赚取的利润，包括支付股东股利、重新投资企业或进行回购股票等。这需要综合考虑企业的长期战略和资本需求，以最大程度地实现股东的利益。财务会计中的收入、费用和利润管理的主要目标包括盈利能力的最大化、成本的控制和合理的利润分配。这些目标在企业管理中起着关键作用，影响企业的经济健康和可持续经营。通过积极管理收入、精细控制费用和明智分配利润，企业可以实现盈利能力的最大化，确保长期成功。财务会计的有效管理是企业管理的核心要素，对实现财务健康和可持续增长至关重要。

二、财务会计收入、费用及利润管理的实践与方法

财务会计中的收入、费用和利润管理是确保企业财务健康的核心要素。涉及多种实践和方法，以实现合理的收入增长、费用控制和可持续的利润。收入管理的实践包括定价策略和销售渠道的选择。企业需要根据市场需求和竞争情况来制定价格，以确保收入最大化。选择合适的销售渠道也有助于扩大市场份额和提高销售额。收入管理还包括客户关系管理。建立良好的客户关系可以提高客户满意度，增加回头客和口碑宣传，有助于长期稳健的收入流。

费用管理是同样重要的一环。企业需要不断寻找降低成本的机会，同时

确保质量和效率。成本管理的方法包括采用先进的生产技术、优化供应链和降低人力成本。预算和成本控制也是费用管理的实践方法之一。企业需要制定预算，对各项费用进行合理分配，并实施严格的预算控制，有助于防止费用超支和确保资金的合理利用。利润管理涉及收入和费用的平衡。企业需要分析利润的构成，了解哪些产品或服务贡献最大的利润。这有助于调整战略，侧重于高利润领域。风险管理也是利润管理的一部分。企业需要识别和评估与经营活动相关的风险，如市场风险、信用风险和供应链风险，然后，制定相应的风险管理策略，以减少潜在的损失。

企业需要不断监测和审查其财务绩效。包括定期的财务报告和绩效指标的追踪。通过及时的反馈和修正，企业可以确保财务目标的实现。财务会计中的收入、费用和利润管理是确保企业长期成功和可持续发展的关键要素。涉及收入管理、费用控制、利润优化、风险管理和绩效监测等多种实践和方法的综合运用，以确保财务健康和利润的可持续增长。

（一）收入管理

管理组织的收入是确保企业财务健康和可持续增长的关键任务之一。包括管理各种类型的收入，如销售收入、利息收入等。对销售收入的管理涉及销售策略和定价策略的制定。企业需要根据市场需求、竞争环境和成本结构来制定销售战略，确定销售产品或提供服务的方法。定价策略需要考虑产品或服务的价值，以确保价格能够吸引客户同时维持盈利能力。销售收入的管理还包括销售渠道的优化。企业需要选择适当的销售渠道，如直销、分销或在线销售，以确保产品或服务能够最有效地抵达目标市场。管理层需要监测销售渠道的绩效，并根据市场变化进行调整和优化。

客户关系管理也是管理销售收入的关键方面。企业需要建立和维护良好的客户关系，以确保客户满意度、忠诚度和重复购买。包括提供优质的售后服务、解决客户问题和满足客户需求。管理利息收入涉及管理组织的资金和投资组合。企业需要确保资金充足，以支持日常运营和投资需求。管理层需要谨慎投资闲置资金，以最大化利息收入，同时管理风险。减少收入波动也是重要的管理目标。企业应该采取措施来减少季节性或市场波动对收入的影响，包括多样化产品线、拓展市场或提供长期客户合同等。

收入管理还需要合规性和透明度。企业需要遵守相关法规和会计准则，确保收入的准确记录和报告。透明的财务信息有助于建立信任，吸引投资者和利益相关方的支持。管理组织的收入是企业成功的关键因素之一。需要综合考虑销售策略、定价策略、销售渠道、客户关系、资金管理和合规性等多个方面。通过有效的收入管理，企业可以提高盈利能力、稳定财务状况，从而支持长期可持续的增长和成功。

（二）利润管理

优化利润是企业追求长期可持续发展的核心目标之一。这包括毛利润和净利润的管理方法。毛利润的优化是通过控制生产和销售成本来实现的。企业可以采取多种方法来降低生产成本，如提高生产效率、优化供应链、精简生产流程以减少废品和降低采购成本。同时，也可以采取定价策略来提高产品的售价，以增加销售收入。毛利润的优化还包括管理产品组合，强化高利润产品，并淘汰低利润产品。净利润的优化是通过控制运营和管理费用来实现的。企业可以通过精益管理原则来降低运营成本，包括人力成本、房地产成本和设备维护成本等。也可以采取成本控制措施，如限制开支、优化供应商合同和合理规划预算，净利润的优化还包括改进销售和市场营销策略，以提高销售额和市场份额。

财务管理是优化净利润的关键。企业可以通过管理资金流动性来降低财务成本，包括优化库存管理、延长账期和管理应付款项。有效的资本预算和投资管理有助于确保资本投入能够实现最大的回报率，提高净利润。风险管理也是优化净利润的重要方面。企业需要识别和管理潜在的风险，包括市场风险、信用风险和操作风险等。通过风险分析和风险管理措施，可以减轻不利影响，保护利润。创新和持续改进是实现长期净利润优化的关键。企业需要不断寻求创新的机会，包括产品创新、服务创新和业务流程创新，持续改进方法，如六西格玛和精益生产，也有助于优化运营效率和降低成本。

优化毛利润和净利润需要综合考虑多个因素，包括成本控制、销售和市场营销策略、财务管理、风险管理和创新。企业需要不断寻求机会来提高效率、降低成本、增加收入并保护利润，以实现长期的可持续增长和最大化股东价值。

（三）成本分析与控制

成本分析和成本控制对企业的经济健康和竞争力至关重要。成本分析涉及收集、分类和评估各种成本，以深入了解企业的成本结构。下面将讨论如何进行成本分析，并采取适当的措施来控制成本。成本分析的第一步是收集成本数据。包括直接成本和间接成本，以及固定成本和变动成本。直接成本是与生产特定产品或提供特定服务直接相关的成本，而间接成本则是与多个产品或服务相关的成本。固定成本是不随产量变化而变化的成本，而变动成本随产量的变化而变化。收集这些成本数据是深入了解企业成本结构的第一步。

成本数据需要分类和分配。这包括将成本分为不同的部门、产品、项目或活动。分类和分配成本有助于确定哪些部分或活动造成了高成本，并且可以识别出潜在的成本节省机会。例如，将成本分配到不同的产品线可以帮助确定哪个产品线的生产成本最高。成本分析需要进行成本—效益分析。这涉及评估不同活动或项目的成本与其带来的效益之间的关系。成本—效益分析可以帮助管理者确定哪些活动或项目值得投资，以及哪些可能需要削减或优化。例如，企业可以评估广告费用与销售收入之间的关系，以确定广告活动的效益。成本控制措施需要采取。一旦识别出高成本领域或低效的活动，管理者可以采取一系列措施来控制成本，包括优化生产流程，减少浪费，采用更有效的采购策略，提高员工生产力等。成本控制需要跨部门合作和全员参与，以确保有效的执行。成本分析和成本控制是企业管理的关键任务之一。通过收集、分类、分配和评估成本数据，企业可以深入了解成本结构，并采取适当的措施来优化成本。成本分析和成本控制有助于提高经济效益，增强竞争力，为企业的可持续发展创造有利条件。这需要持续的监控和改进，以适应不断变化的市场和业务环境的需求。

三、管理视角下的财务会计收入、费用及利润管理

从管理的角度来看，财务会计中的收入、费用和利润管理是企业成功经营的关键要素之一。这三个方面相互关联，共同塑造了企业的盈利模式和财务表现。就收入管理而言。企业需要积极管理收入，以确保其稳健增长。这

包括制定定价策略，确保产品或服务的销售价格能够覆盖成本并提供足够的利润。企业还需要开发市场推广计划，吸引更多客户和市场份额，增加收入。收入管理还包括识别和开发新的收入来源，以减轻对单一渠道的依赖。费用管理是财务会计中的另一个重要方面。企业需要谨慎控制各种费用，包括直接成本和间接成本，以提高利润率。费用管理涉及优化生产流程，降低生产成本，并确保资源的高效利用。企业还需要管理固定成本和变动成本之间的平衡，以确保在不同市场条件下仍能保持盈利能力。

利润管理是财务会计的核心目标之一。企业必须追求可持续的盈利，以确保长期稳健的财务状况。这需要管理者制定战略决策，以最大化毛利润和净利润，包括产品组合的调整、成本结构的优化和市场扩张的战略选择。利润管理还包括识别和解决潜在的盈利压力，以及持续监测财务表现，以及时调整战略。财务会计中的收入、费用和利润管理在企业管理中起着至关重要的作用。这三个方面相互交织，共同塑造了企业的财务状况和竞争力。通过积极管理收入、精细控制费用和追求可持续的利润，企业可以实现盈利能力的最大化，实现长期成功。财务会计的有效管理是企业管理的核心，对实现财务健康和可持续增长至关重要。

（一）绩效评估与报告

使用财务会计的收入、费用和利润信息来评估组织的绩效并向内部和外部利益相关者报告是关键的管理职责之一。财务会计信息中的收入、费用和利润反映组织的财务状况和经营表现。收入代表组织的销售和营业额，费用反映了运营成本和管理费用，而利润是经营活动的结果。通过分析这些数据，管理层可以了解企业在特定时期内的盈利能力、效率和财务健康状况。这些信息可用于评估内部绩效。管理层可以使用收入和费用信息来确定企业的运营效率，例如较高的费用比率可能表明成本控制问题，需要采取措施来提高效率。管理层可以分析利润趋势，以了解业务的增长和盈利能力，这有助于制定战略决策，优化资源配置，并实施改进计划。

这些信息还用于向内部利益相关者报告，如董事会、管理团队和员工。内部报告可以帮助管理层和员工了解企业的经营表现，以便更好地参与决策和目标实现，有助于建立内部透明度和协作，促进员工的责任感和参与度。向外部利益相关者报告也是必要的。外部利益相关者包括投资者、债权人、监管机构和供应商等。他们依赖财务会计信息来评估企业的健康状况和风险水平，以支持投资决策、信贷批准和监管合规性。透明和准确的财务报告有助于建立信任，吸引投资，并维护公司的声誉。收入、费用和利润信息也用于计算和分析财务指标，如盈利能力、偿债能力和流动性。这些指标是评估组织绩效和财务健康的重要工具。例如，净利润率表示每销售1单位产品或提供1单位服务所产生的净利润，而负债比率表示企业的债务水平相对于权益的比例。通过这些指标，组织可以与同行竞争对手和行业标准进行比较，确定改进领域，并制定战略计划。使用财务会计的收入、费用和利润信息来评估组织的绩效并向内部和外部利益相关者报告是管理的核心职责之一。这有助于内部团队了解和优化经营表现，建立内部透明度，支持战略决策。同时，它也提供了外部利益相关者所需的信息，以支持投资决策、信贷批准和监管合规性，维护公司的声誉和可持续增长。

（二）利润改善策略

制定和执行利润改善策略是组织追求更高盈利能力的关键过程。这个过程涉及多方面的管理和决策，确保组织能够有效地提高盈利能力。了解市场和竞争环境至关重要。组织需要深入分析市场趋势、竞争对手和消费者需求，以确定机会和挑战以便制定针对性的盈利改善策略，以满足市场需求并获得竞争优势。成本控制是提高盈利能力的重要因素。组织可以采取多种方法来降低成本，如优化供应链、提高生产效率、精简业务流程和控制运营费用。成本管理需要持续监测和改进，保证资源的有效利用。

定价策略也是提高盈利能力的关键。组织需要仔细考虑产品和服务的定价，保证能够覆盖成本并获得合理的利润。定价策略还需要灵活性，以适应市场竞争和变化的需求。销售和市场营销策略对于提高盈利能力也至关重要。组织需要寻求增加销售额和市场份额的机会，包括拓展新市场、增加客户基础和提高客户忠诚度。市场营销活动和销售策略应与盈利改善策略相协调。财务管理是盈利改善策略的核心。组织通过有效管理资金流动性，以确保资金充足，并能够支持盈利改善计划的执行。资本预算和投资决策也需要精心管理，以确保资本投入能够实现最大的回报率。

创新和持续改进是提高盈利能力的关键要素。组织需要不断寻求创新的机会，包括产品创新、服务创新和业务流程创新。持续改进方法，如六西格玛和精益生产，有助于提高运营效率和降低成本。风险管理也是盈利改善策略的一部分。组织需要识别和管理潜在的风险，包括市场风险、经营风险和财务风险。风险管理措施有助于降低不利影响，保护利润和财务稳健性。制定和执行利润改善策略是提高组织盈利能力的关键，包括市场分析、成本控制、定价策略、销售和市场营销、财务管理、创新和风险管理等多个方面。通过综合考虑这些因素，组织可以有效地提高盈利能力，实现可持续的业务增长和成功。

第六章 管理视角下的财务会计决策与控制及其创新

第一节 管理视角下财务会计决策及其创新

在企业管理层的视角下，财务会计决策具有重要的战略性和创新性。这种决策不仅关系企业的财务健康，还能够推动创新和竞争优势的实现。财务会计决策涉及资源分配。管理层需要决定如何分配有限的资源，以实现企业的战略目标，包括了决定投资多少资金在新项目和研发上，以及如何分配资金在不同的业务部门之间，这些决策需要创新思维，以确保资源的最佳利用，推动企业的持续增长。财务会计决策也涉及资本结构的管理。管理层需要决定企业应该使用债务还是股权来融资，并确保资本结构能够支持企业的长期战略。这需要创新的融资策略，以降低成本、减少风险，并提高财务灵活性。财务会计决策也与成本控制和效率提升有关，管理层需要采取措施来降低生产和运营成本，以提高利润率。这可能包括改进生产流程、采用新技术或优化供应链管理。这种创新性的决策能够帮助企业在市场中保持竞争力。

财务会计决策还涉及风险管理。管理层需要识别潜在的财务风险，并制定应对策略，包括对外汇风险、市场波动和法规变化的应对措施。创新的风险管理方法可以帮助企业降低不确定性，并保护财务健康。财务会计决策还包括股东和投资者关系的管理。管理层需要与股东和投资者保持沟通，提供透明的财务信息，以建立信任和吸引投资。创新的沟通和关系管理策略可以帮助企业吸引更多的投资，并推动股价的增长。管理视角下的财务会计决策具有战略性和创新性，它不仅关系到企业的财务健康，还可以推动企业的创新和竞争优势。这些决策需要管理层以开放的思维和创新的方法来应对不断变化的商业环境，以实现长期的成功和可持续增长。

一、管理视角下的财务会计决策

财务会计决策在管理视角下是企业管理层不可或缺的一部分。这些决策直接关系财务资源的分配和运用，以支持企业的战略目标和可持续增长。财务会计决策包括资本预算决策。企业管理层需要决定将资本投入到哪些项目或资产中，以最大化长期回报通过仔细的分析和评估，以确保资源分配合理，投资项目符合企业的战略方向。财务会计决策涉及融资策略的制定。企业需要决定如何融资其经营活动，包括债务和股权融资。管理层需要考虑资本结构的优化，以降低财务风险和降低融资成本。财务会计决策还包括现金管理。管理层需要确保企业有足够的流动性，以应对日常经营需求和不确定性，这可能涉及现金储备的管理、投资政策和短期融资决策。

财务会计决策还与财务报表的编制和披露有关。企业需要遵守会计准则和法规，确保财务报表的准确性和透明度。管理层需要确保财务信息的合规性，并提供及时、准确的报告给股东、投资者和监管机构。财务会计决策还包括风险管理。企业需要识别并管理各种财务风险，包括市场风险、信用风险和操作风险等。这需要采取风险管理策略，以减轻潜在的损失。财务会计决策还与股东和投资者关系有关。企业管理层需要与股东和投资者保持沟通，提供透明的财务信息，以建立信任和吸引投资，这有助于公司获得融资支持和维护良好的声誉。管理视角下的财务会计决策是企业成功的关键。这些决策需要管理层全面了解市场、风险和企业的战略目标，以支持长期的可持续增长。财务会计决策涵盖资本预算、融资、现金管理、财务报表、风险管理和股东关系等多个方面，要求管理层具备综合的决策能力和战略思维，以应对不断变化的商业环境。

（一）投资决策

财务会计信息在支持投资决策方面发挥着至关重要的作用，特别是在资本预算、项目评估和投资回报率计算方面。资本预算是一个关键的决策过程，用于确定投资项目的可行性和盈利潜力。财务会计信息提供了项目的成本和预期现金流入的基础数据。通过比较项目的初期投资成本与未来现金流入，管理层可以确定项目的净现值（NPV）和内部收益率（IRR）。这些财务指标帮助管理层评估项目是否值得投资，以及预计的投资回报率。项目评估是投资决策的一部分，财务会计信息用于分析项目的风险和回报。管理层需要考虑项目的潜在风险因素，如市场波动、竞争压力和技术障碍。同时，他们还需要分析项目的预期现金流入，以确定投资回报率是否符合公司的目标。这个过程还涉及敏感性分析，通过在不同的假设下调整现金流量来评估风险。

投资回报率计算是投资决策的核心工具之一。财务会计信息用于计算投资项目的回报率，例如投资回报率（ROI）、净现值（NPV）和内部收益率（IRR），这些指标帮助管理层确定项目的经济效益和潜在风险。较高的 ROI 和 NPV 通常被视为积极的投资信号，而 IRR 则表示项目的内部回报率。财务会计信息还用于制定投资决策的预算和计划。管理层可以使用历史财务数据来制定预算和项目预测，以便更好地了解项目的财务需求和潜在回报，这有助于规划资源分配和资金筹集。财务会计信息也用于向投资者和股东报告投资决策的结果。透明和准确的财务报告有助于建立信任，吸引投资者，并提供对公司战略和财务状况的透明度，这对公司融资和资本市场的成功至关重要。财务会计信息在支持投资决策中发挥着关键作用。它提供了项目的成本、现金流入和风险数据，支持资本预算、项目评估和投资回报率计算，有助于管理层确定投资项目的可行性、潜在回报和风险，从而做出明智的投资决策，支持公司的长期成功和可持续增长。

（二）资金筹资决策

财务会计信息在资金筹资决策中发挥着至关重要的作用，尤其涉及债务和股权融资的选择。财务会计信息提供了有关组织财务状况的重要洞察。资金筹资决策的首要考虑因素之一是确定组织的偿债能力。财务报表中的资产负债表提供了有关组织资产和负债的详细信息，包括债务水平和债务偿还期限，这些信息有助于评估组织是否有足够的能力来承担额外的债务负担，支持债务融资决策。财务会计信息有助于计算财务杠杆比率。包括债务与所有者权益比率和债务与总资产比率，可以帮助评估组织的财务杠杆水平。通过分析这些比率，可以确定是否需要进一步增加债务或股权，以平衡资本结构，减轻财务风险或提高杠杆效应。

财务会计信息可以用于评估股东价值和股权融资的可行性。利润表提供有关组织的盈利能力的信息，而股东权益部分显示股东的投资价值。投资者可以使用这些信息来估算组织的估值，以决定是否愿意购买股票。盈利能力的信息也有助于确定股权融资是否具有吸引力。财务会计信息还可用于比较不同融资选项的成本。财务报表提供有关债务和股权成本的信息，包括利息支出和股东权益的分红。这些信息可以用来计算不同融资选项的加权平均成本，并帮助决策者选择最经济的融资方式。

财务会计信息对外部投资者和潜在投资者也具有吸引力。透明和可靠的财务报表有助于建立信任，吸引投资者的兴趣。投资者可以使用财务信息来评估组织的财务稳健性和长期可持续性，从而决定是否投资。财务会计信息对资金筹资决策至关重要，尤其是在债务和股权融资的选择方面。这些信息提供了关于组织的财务状况、偿债能力、财务杠杆、成本比较和股东价值的关键见解。通过充分利用这些信息，决策者可以做出明智的资金筹资决策，以支持组织的长期可持续发展和盈利能力最大化。

（三）资产管理决策

资产管理和优化是企业实现最大利润和回报的关键。有效的资产管理需要仔细考虑资产的配置、维护和运营，以最大化其价值。资产配置是资产管理的核心。企业需要决定如何分配有限的资源，包括资金、设备和人力资源，以满足业务需求。包括选择适当的投资项目和资产类别，以实现最佳回报。资产配置需要综合考虑风险和回报，并根据企业的战略目标进行优化。维护和保养是资产管理的关键方面。企业必须确保资产处于良好的工作状态，以最大程度地延长其寿命并减少维修成本。包括定期检查和维护设备、房地产和其他资产，以确保其性能和可靠性。有效的维护可以降低资产的总体拥有成本，并增加其可利用性。

资产运营也需要高效管理。企业必须确保资产充分利用，以产生最大的收入和利润。包括提高生产效率、优化供应链、开发新的市场机会等。同时，管理者还需要监测资产的绩效，以及及时采取纠正措施，以应对潜在的问题和挑战。风险管理是资产管理的一个重要方面。企业必须识别和评估资产相关的各种风险，如市场风险、操作风险和法律风险。风险管理包括采取措施来降低风险，如保险、多样化投资组合和制定紧急计划。这有助于减轻资产损失的风险，提高资产的长期价值。财务报告和绩效监控是资产管理的关键部分。企业需要定期监测资产的财务表现，以确保它们实现了预期的回报。

这涉及制定财务报告和绩效指标，以便管理者可以了解资产的盈利能力和效率。根据这些信息，管理者可以采取适当的措施来优化资产配置和运营，以实现最大的利润和回报。

资产管理和优化是企业实现最大利润和回报的关键。通过合理配置、维护、运营和风险管理资产，企业可以提高资产的价值，增强竞争力，为股东和利益相关方创造更大的价值。这需要综合考虑战略目标、绩效监控和持续改进，确保资产在不断变化的市场和业务环境中保持竞争优势。

二、财务会计决策的创新

财务会计决策的创新是在不断发展的商业环境中取得成功的关键。这种创新涵盖多个方面，包括数据分析、科技应用、战略规划和风险管理。数据分析是一项重要的创新。企业可以借助大数据和高级分析工具来更好地理解其财务状况，包括了对客户行为、市场趋势和竞争情况的深入分析。通过数据驱动的决策，企业可以更准确地预测需求、优化价格策略和提高市场份额。科技应用对财务会计决策影响巨大。云计算和区块链技术可以提高财务数据的安全性和可追溯性，减少了欺诈和错误的风险。自动化和人工智能可以加速财务报表的生成和审计，提高效率和准确性。

战略规划也是财务会计决策的创新领域。企业需要不断调整其战略以适应市场的变化。财务决策需要与战略一致，以支持企业的长期目标，包括了投资决策、市场扩张和产品开发等方面的考虑。企业必须识别和管理与财务决策相关的各种风险，如市场风险、信用风险和法律风险。创新的方法包括采用风险模型和高级风险分析工具，以更好地预测和应对潜在风险。企业需要考虑环境、社会和治理因素，制定可持续发展战略。财务决策需要与可持续性目标一致，以满足投资者和社会的期望。企业需要确保财务报告准确、透明，并符合法律法规，这有助于建立投资者信任和维护企业声誉。财务会计决策的创新涵盖了多个方面，包括数据分析、科技应用、战略规划、风险管理、可持续发展、透明度和合规性。这些创新方法有助于企业更好地应对不断变化的商业环境，提高决策的准确性和效率，从而取得长期成功。

（一）数字化技术的应用

数字化技术，如大数据分析、人工智能和区块链，在改进财务会计决策的效率和准确性方面发挥着关键作用。大数据分析通过处理和分析大规模财务数据，提供了更全面的洞察和见解。它可以帮助企业识别趋势、模式和异常，更好地了解财务状况和风险。通过分析历史数据，大数据分析可以提供预测性分析，帮助管理层做出更明智的决策，优化资源配置，以及识别潜在的财务挑战。人工智能在财务会计中的应用范围广泛，包括自动化数据录入和处理、自动化报告生成、风险管理和欺诈检测等。人工智能可以处理大量数据，减少人工错误，提高数据准确性，提高决策的可靠性。人工智能还可以自动执行复杂的财务分析，加速决策制定的过程。

区块链技术提供了分布式账本和智能合约的能力，可以改进财务会计的透明度和安全性。区块链可以确保财务数据的不可篡改性，减少欺诈和错误的风险。智能合约可以自动执行合同和交易，减少人为干扰的可能性，有助于提高财务决策的准确性和信任度。这些数字化技术也提供了即时性和实时性的数据访问。管理层可以随时访问财务数据和分析结果，以支持实时决策制定。这在快速变化的商业环境中尤为重要，帮助企业更快地做出反应性决策，抓住市场机会或应对风险。数字化技术还提供数据可视化工具，以图形化的方式呈现财务数据和指标，这使管理层能够更容易理解和解释数据，以便更好地进行决策。数据可视化还有助于识别关键趋势和问题，帮助管理层集中精力解决最重要的问题。大数据分析、人工智能和区块链等数字化技术已经为财务会计决策提供了强大的工具。它们提高了决策的效率、准确性和可靠性，加强了财务数据的安全性和透明度，同时也提供了更快速的反应时间和更好的数据可视化，从而支持企业在竞争激烈的商业环境中取得成功。这些技术将继续发挥关键作用，进一步改进财务会计决策的过程。

（二）自动化流程

实施自动化流程是一种关键战略，可以显著提高组织的效率、准确性和决策的可靠性。包括财务报告、库存管理、客户服务、生产计划等。确定哪些任务可以通过自动化来改进，并且对业务流程进行全面分析，以了解它们是如何相互关联的。根据业务需求和流程的复杂性，选择适当的软件、系统或工具来实施自动化，包括企业资源规划（ERP）系统、工作流管理工具、人工智能和机器学习技术等。在实施自动化之前，确保业务流程和任务的设计是优化的。这可能需要重新思考和重构流程，以便在自动化之后能够更好地实现效率和准确性。

将选择的自动化工具和技术配置到组织的业务流程中。这需要与 IT 团队密切合作，确保系统的正确集成和配置。在实际运行之前，对自动化流程进行全面的测试和验证，确保系统可以正确地执行任务，准确地捕获数据，并与其他系统和工具进行良好的集成。定期监测流程的性能，检查是否有异常或错误发生，并及时修复。维护包括更新系统、添加新功能和进行性能优化。自动化流程能够减少数据输入错误和处理时间，提供更可靠的数据，从而改善决策制定的质量和速度，支持组织更迅速地适应市场变化和做出明智的决策。实施自动化流程可以显著降低错误率、提高报告速度和增加决策的可靠性。这需要精心策划、选择合适的工具和技术、重新设计流程、配置系统、进行测试和维护，以确保流程的顺畅运行和数据的准确性。通过自动化，组织可以更好地应对业务挑战，提高竞争力，加速决策制定，并提供更高质量的服务和产品。

（三）数据分析和监测

高级数据分析工具在监测财务会计过程和识别潜在问题和风险方面发挥着重要作用。这些工具利用大数据和先进的分析技术，可以为企业提供更深入的洞察和即时的决策支持。高级数据分析工具可以用来监测财务会计过程中的交易和交易记录。通过分析大量交易数据，这些工具可以自动识别异常交易、错误输入或潜在的欺诈行为，例如，它们可以检测到重复支付、异常的账户活动或虚假交易模式，从而及时发现问题并采取措施解决。这些工具可以帮助企业监测财务报表的准确性和一致性。它们通过不同系统和数据源进行集成，确保数据在不同报表和财务文档中的一致性。如果出现不一致或错误，高级数据分析工具可以自动发出警报，以便财务团队及时进行修正。这些工具还可以用来分析财务指标和趋势，帮助企业识别财务绩效方面的问题，例如收入下降、成本增加或盈利率下降。通过深入分析数据，管理者可以了解问题的根本原因，然后采取适当的行动来纠正局势。

高级数据分析工具还可以用来进行风险管理。它们可以对市场风险、信用风险和操作风险等进行模型分析，以预测潜在的风险事件，使企业能够采取预防措施，降低风险，减轻潜在的损失。这些工具可以通过实时监控财务会计数据来支持决策制定。它们可以提供及时的数据可视化和仪表板，使管理者能够快速了解当前财务状况，并根据需要采取行动。这种实时洞察力有助于企业做出更明智的财务决策，以应对市场波动和变化的经营环境。高级数据分析工具在监测财务会计过程、识别潜在问题和风险方面发挥着关键作用。它们可以提供深入的洞察、自动警报和实时决策支持，有助于企业保持财务健康，降低风险，提高决策效率，实现更可持续的财务表现，使企业能够更好地应对不断变化的商业环境，为长期成功打下坚实的基础。

第二节　管理视角下财务会计内部控制及其创新

在管理视角下，财务会计内部控制是企业不可或缺的一部分。内部控制旨在确保财务信息的准确性、完整性和可靠性，以支持决策制定和风险管理。与此同时，内部控制也需要不断创新以适应不断变化的业务环境。财务会计内部控制的传统方式包括审计、审查账目和流程监控。然而，随着科技的快速发展，内部控制也必须不断创新以适应数字时代的挑战。企业可以借助智能化技术来加强内部控制。自动化审计工具和人工智能系统可以快速检测异常，降低错误和欺诈的风险，区块链技术也为财务会计内部控制提供了新的机会。区块链的去中心化特性可以确保财务交易的透明性和不可篡改性，减少了潜在的舞弊风险。这种技术的应用可以提高财务数据的安全性和可追溯性。数据分析和预测模型也可以帮助企业加强内部控制。通过实时监控数据流，企业可以更容易地发现异常情况，并及时采取措施。同时，预测模型可以帮助企业预测潜在的风险，并制定相应的风险管理策略。

财务会计内部控制的创新还包括数据隐私和安全方面的考虑。随着数据泄露和侵犯隐私的风险不断增加，企业需要采取创新的措施来保护客户和员工的敏感信息。密码学和生物识别技术可以增强数据的安全性。内部控制的创新也需要培养员工的技能和意识。培训员工以识别潜在的风险和采取适当的行动至关重要。企业可以通过持续的教育和培训计划来提高员工的内部控制意识。管理视角下的财务会计内部控制必须不断创新以适应不断变化的商业环境。智能化技术、区块链、数据分析和数据隐私保护等方面的创新都可以加强内部控制，确保财务信息的准确性和可靠性，从而支持企业的长期成功和可持续发展。

一、管理视角下的财务会计内部控制

管理层视角下的财务会计内部控制是确保企业财务信息的准确性、可靠性和合规性的关键方面。内部控制是一种系统性的方法，旨在保护企业的资产、确保财务报告的可靠性，并促使合规性。内部控制包括了内部审计和监督。管理层需要建立一套有效的内部审计机制，以确保财务信息的准确性和合规性，包括内部审计部门的设立，定期的审计计划和程序，以及审计报告的及时提交。监督方面涉及监督员工和管理层的行为，以防止不当行为和潜在的欺诈行为。内部控制包括财务报告的制定和审批，管理层需要确保财务报告的编制过程受到严格控制，确保报告的准确性和完整性。包括审查会计政策、核实数据来源和审批报告的最终版本。财务报告的审批也需要确保报告的合规性，以遵守会计准则和法规。

内部控制还包括风险管理。管理层需要识别和评估企业所面临的各种风险，包括市场风险、信用风险和操作风险等。然后，需要建立风险管理策略，以减轻潜在的损失，包括建立风险管理政策、定期的风险评估和实施风险控制措施。内部控制还与资源分配和授权有关。管理层需要确保资源的分配合理，以支持内部控制的有效性，包括为内部控制活动分配足够的人员和预算。授权方面涉及确定哪些员工和管理层有权执行特定的内部控制活动，以确保活动的实施和监督。内部控制还与培训和沟通有关。管理层需要为员工提供适当的培训，以确保他们理解和遵守内部控制政策和程序。沟通方面需要建立有效的信息传递渠道，以确保员工和管理层了解内部控制的要求和期望。管理视角下的财务会计内部控制是企业财务管理的关键组成部分。它涵盖内部审计、财务报告、风险管理、资源分配、授权、培训和沟通等多个方面。内部控制的有效性有助于确保企业的财务信息准确、合规，并防止潜在的欺诈行为。管理层需要全面考虑和实施这些控制，以支持企业的长期成功和可持续增长。

（一）内部控制框架

内部控制框架是组织用来管理风险、确保合规性和支持有效运营的关键工具。包括五个互相关联的组件，包括控制环境、风险评估、控制活动、信息与沟通和监督。控制环境涵盖组织文化和价值观，是内部控制的基础。管理层需要创建和维护一个强大的控制环境，以确保员工明白他们在内部控制中的角色和责任。风险评估涉及识别、评估和应对风险。管理层需要了解组织面临的各种风险，包括战略风险、操作风险和合规性风险。然后，他们可以开发相应的控制措施来降低风险，确保组织目标的实现。控制活动是指组织为管理风险而采取的具体行动。包括制定和执行政策和程序、监督员工活动、进行审计和内部检查等。管理层需要确保控制活动的有效性和适用性，以便支持组织的运营目标。

信息与沟通是内部控制中的另一个关键组件。管理层需要确保信息的及时性、准确性和完整性，以便做出明智的决策。内部沟通也非常重要，以确保员工明白他们的角色和职责，并能够报告问题和违规行为。监督是 COSO 框架的最后一个组件。管理层需要建立监督机制，包括内部审计、监管机构和董事会的监督，以确保内部控制的有效性，有助于识别和纠正潜在问题，支持持续改进。

在管理视角下，管理层需要建立一个有效的控制环境，积极评估风险，制定适当的控制活动，确保信息和沟通的质量，以及建立有效的监督机制。这需要持续的关注和投入，以确保内部控制的有效性和适应性，支持组织的成功和可持续增长。在管理视角下，应用这个框架需要管理层的积极参与和领导，以确保各个组件的有效性和适应性，支持组织的长期成功。这个框架为组织提供了一个综合的方法，帮助管理层实施和维护内部控制，以应对不断变化的业务环境。

（二）创新技术的应用

运用创新技术改进财务会计内部控制的效率和准确性是现代组织管理的关键战略之一。数据分析、人工智能和自动化流程，数据分析技术在财务会计内部控制中发挥着重要作用。通过使用数据分析工具，组织可以更好地监测财务数据，及时发现异常和错误。数据分析可以识别潜在的风险和问题，帮助内部控制团队更快速地采取行动。数据分析还可以用于预测趋势和模拟不同的财务情境，以支持决策制定。人工智能技术可以加强财务会计内部控制的自动化。人工智能可以用于自动识别和分类财务文档，例如发票和收据，也可以执行复杂的数据分析，以检测异常模式和潜在的欺诈行为，还可以支持智能审计，减少手动审计的需求，提高审计效率和准确性。

自动化流程技术可以简化财务会计内部控制的流程，并减少手动干预的机会。通过自动化，诸如发票处理、支付审批、报销和核算等常见任务可以更快速、更准确地完成。自动化还可以降低人为错误的风险，提高流程的一致性和可追溯性。区块链技术也可以用于改进内部控制的可靠性和透明性。区块链提供了安全的分布式账本，记录了每一笔交易和数据的变化。这样，财务数据的完整性和真实性可以得到保障，减少了欺诈和错误的风险。区块链还可以提供实时数据共享，使内部控制更加实时和可信。

云计算技术为财务会计内部控制提供了灵活性和可扩展性。云计算允许数据的集中存储和访问，使多个部门和团队能够共享信息，提高协作和沟通效率。同时，云计算还提供了强大的计算能力，支持大规模数据分析和处理。运用创新技术如数据分析、人工智能、自动化流程和区块链，可以显著改进财务会计内部控制的效率和准确性。这些技术提供了更好的数据监测、自动化、可追溯性和协作机会，有助于降低风险、提高决策的可靠性，同时提高了内部控制的质量和效率。

（三）灵活性和适应性

确保内部控制系统具有足够的灵活性以适应不断变化的商业环境和法规要求是企业管理的至关重要的任务之一。这涉及在保持有效性的同时，能够适应新兴风险和法规的能力。内部控制系统需要建立强大的基础，包括清晰的控制政策和流程。这些政策和流程应该为员工提供明确的指导，以便他们知道如何执行控制任务。同时，这些基础设施也需要设计得足够灵活，以便能够在需要时进行调整和更新。这意味着政策和流程应该以一种模块化和可定制的方式构建，以便根据新的要求进行修改。内部控制系统需要定期评估和审查，以确保其仍然适用于不断变化的环境。包括定期检查控制政策和流程的有效性，以及根据实际情况进行必要的改进。内部审计和风险评估可以帮助企业识别新兴的风险和威胁，并采取适当的措施来加强控制。

内部控制系统需要借助先进的技术和数据分析工具来提高其效率和灵活性。自动化和数据分析可以帮助企业更快速地识别问题和异常，从而及时采取纠正措施，还可以帮助企业监控大量数据，以更好地理解其经营状况并做出决策。内部控制系统需要与外部的法规和法规保持敏感的联动。这意味着企业需要定期跟踪和了解新的法规要求，并确保内部控制系统的政策和流程符合这些要求。与监管机构和法规制定机构的密切合作也是确保合规性的关键。内部控制系统需要建立一个持续学习和改进的文化。这意味着员工需要受到培训和教育，以了解新兴风险和法规的重要性，并了解如何适应这些变化。同时，企业需要鼓励员工提供改进和创新的建议，以进一步增强内部控制系统的灵活性，确保内部控制系统具有足够的灵活性以适应不断变化的商业环境和法规要求是关键的。这需要建立强大的基础、定期审查和更新、采用先进的技术工具、保持敏感的联动和建立文化，以确保内部控制系统能够有效地应对新的挑战和需求，同时维护良好的运营和合规性。这对于企业的长期成功和可持续发展至关重要。

二、财务会计内部控制的创新

财务会计内部控制的创新是为了适应不断发展的商业环境和科技进步而采取的关键举措。这种创新涵，包括技术、数据分析、风险管理和合规性等多个方面。技术的应用是内部控制创新的核心。云计算技术允许企业将数据存储在云端，提高了数据的安全性和可访问性。区块链技术提供了去中心化的账本，确保交易的透明性和不可篡改性，改进了财务数据的处理和记录，降低了欺诈和错误的风险。数据分析在内部控制创新中发挥着重要作用。企业可以借助大数据和高级分析工具来监控财务交易和识别异常情况。实时数据分析可以帮助企业更快地发现潜在的问题，采取及时的纠正措施。

另一方面，风险管理是内部控制创新的关键领域。企业需要不断评估和管理与财务交易相关的各种风险，如市场风险、信用风险和操作风险。风险模型和高级风险分析工具可以帮助企业更好地理解风险，并采取相应的风险管理策略。合规性是内部控制创新的重要方面。企业必须确保其财务活动符合法律法规和行业标准。自动化合规性检查工具和数字证书可以帮助企业更好地满足合规性要求，降低违规风险。内部控制创新还包括员工培训和教育。企业需要确保员工具备足够的内部控制知识和技能，以识别潜在的风险和遵守内部控制政策。财务会计内部控制的创新包括技术的应用、数据分析、风险管理、合规性和员工培训等多个方面。这些创新方法有助于企业更好地应对不断变化的商业环境，提高内部控制的效率和效力，确保财务数据的准确性和可靠性，从而支持企业的长期成功和可持续发展。

（一）自动化流程

实施自动化流程是组织提高效率、降低错误率、加快报告速度和增加内部控制可靠性的关键举措。自动化流程的关键是选择合适的技术和工具。组织可以利用各种软件和系统来自动化不同的业务流程，包括财务、采购、人力资源和生产等。选择适合组织需求的工具和技术，例如企业资源规划（ERP）系统、工作流管理软件和数据分析工具等，以支持自动化流程的实施。

数据标准化和整合是实施自动化流程的关键步骤。组织需要确保不同系统和部门之间的数据流畅和一致性，包括定义数据格式、字段和命名约定，以便数据可以在不同系统之间自动传输和处理。整合数据也有助于减少数据输入错误和数据不一致性。流程重设计是实施自动化的机会。在自动化之前，组织可以审查和重新设计现有流程，以消除不必要的步骤和复杂性。流程重设计有助于简化流程、提高效率，并确保自动化流程的顺利进行。自动化流程还需要明确定义和建立内部控制。组织应该明确规定自动化流程的权限和访问控制，以确保只有经授权的人员能够访问和修改数据。同时应建立审计和监督机制，以监测自动化流程的运行状况和合规性。

培训和意识提高也是重要的一环。组织需要培训员工，确保他们了解如何正确使用自动化工具和系统。员工应该具备数据安全和内部控制的意识，以帮助维护流程的可靠性。持续改进是实施自动化流程的关键。组织应该定期审查和评估自动化流程，识别潜在问题和改进机会。持续改进有助于确保流程的效率和可靠性，并确保能满足组织的需求。实施自动化流程是提高组织效率、降低错误率、加快报告速度和增加内部控制可靠性的有效方法。通过选择适当的技术和工具、标准化和整合数据、流程重设计、建立内部控制、培训员工和持续改进，组织可以实现自动化流程的成功实施，提升业务运营的质量和效率。

（二）数据分析和监测

高级数据分析工具在监测财务会计过程中的应用，具有重要的作用，可以帮助组织及时识别潜在问题和风险，提高内部控制的效力。高级数据分析工具可以用来实时监测财务数据。通过将财务数据源与数据分析工具集成，组织可以实现数据的自动抽取、转换和加载（ETL），并进行快速的数据分析。使组织能够及时了解财务数据的动态变化，发现异常情况和趋势，在问题扩大之前采取必要的措施。这些工具能够进行数据挖掘和模式识别。通过分析历史财务数据，高级数据分析工具可以识别出不寻常的模式和趋势，这些可能是潜在问题的先兆。例如，它们可以检测到异常的交易模式、不寻常的成本增长或收入下降，以及与预算不符的支出，及早发现潜在问题，降低风险。

高级数据分析工具可以实现实时的风险分析和评估。它们可以构建风险模型，基于历史数据和实时数据，预测潜在的风险事件，使组织能够采取预防性措施，减轻或避免潜在的财务风险。例如，它们可以识别信用风险、市场波动性或货币汇率风险，并提供相应的警报和建议。高级数据分析工具还可以进行异常检测和数据验证。它们可以自动检查财务数据的一致性和准确性，识别异常值和数据错误，确保财务数据的可信度，减少错误和欺诈的风险。例如，它们可以检测重复付款、未经授权的交易或虚假报告。高级数据分析工具还支持实时仪表板和报告的生成。这些工具可以将监测结果以可视化的方式呈现，使管理层和决策者能够迅速了解财务状况和问题的情况。实时仪表板可以包括关键绩效指标（KPIs）、趋势图和警报，提供及时的决策支持。高级数据分析工具在监测财务会计过程中的应用，有助于组织及时识别潜在问题和风险。它们提供了实时监测、数据挖掘、风险分析、异常检测和报告生成等功能，帮助组织加强内部控制，确保财务数据的准确性和可信度，减少潜在问题和风险的影响。这对组织的稳健财务管理和决策制定至关重要。

（三）完整性和可追溯性

数据完整性和可追溯性在确保财务报告的准确性和合规性方面扮演着至关重要的角色。这两个因素是财务会计的基础，对投资者、监管机构和内部决策制定者来说具有重大意义。数据完整性是确保数据集完整、准确、不受干扰或篡改的保障。财务报告的准确性直接依赖于数据的完整性。如果数据不完整，财务报告可能会失真，导致错误的决策和不准确的财务信息。数据完整性要求确保所有数据都被及时记录，不漏报、不错报，以便提供全面和准确的财务信息。可追溯性是指能够追踪和验证数据的来源和处理过程。这对于财务报告的合规性至关重要。可追溯性确保财务报告的透明度和可验证性，使监管机构和利益相关者能够追溯每一笔交易或财务数据的来源和处理历程，有助于防止潜在的欺诈行为，并提高投资者和监管机构对财务报告的信任。

数据完整性和可追溯性还有助于减少风险和增强风险管理。通过确保数据完整性，企业依靠准确的数据，可以更好地识别和管理风险，做出明智决策。可追溯性还可以帮助企业快速识别问题并采取纠正措施，从而降低潜在的财务风险。数据完整性和可追溯性对于合规性和法规遵从也是至关重要的。监管机构要求企业提交准确、完整、可追溯的财务报告，以确保合规性。如果企业不能提供这些要求，可能会面临罚款、法律诉讼和声誉损害等后果。

数据完整性和可追溯性也有助于企业内部决策制定。准确的财务数据和信息是制定战略决策和规划的关键因素。如果数据不完整或不可追溯，管理层将无法做出明智的决策，可能会导致不良的经营结果。数据完整性和可追溯性是确保财务报告的准确性和合规性的关键要素。这两个因素对投资者、监管机构、内部决策制定者和企业的长期可持续发展都具有重要意义。企业应该制定严格的数据管理和监控措施，以确保数据完整性和可追溯性得到充分维护，从而提供可信赖的财务报告和决策支持。

第七章 管理视角下的财务会计管理模式及其创新

第一节 财务筹资管理模式

财务筹资管理是组织中至关重要的一个方面，涉及融资、债务管理和股权融资等筹资决策。在管理视角下，融资决策是财务筹资管理模式的核心。管理层需要决定如何筹集资金以满足企业的运营和发展需求。包括考虑不同的融资来源，如债务融资、股权融资、银行贷款和债券发行。融资决策需要综合考虑资金成本、偿还期限、偿还能力和风险，以确保资金筹集的可持续性和成本效益。债务管理是财务筹资管理的关键组成部分。管理层需要有效管理债务，包括债务的结构、利率和偿还计划。债务管理旨在最大程度地减少财务风险，确保及时的债务偿还，并维护良好的信用评级。这需要监测市场条件，进行债务重组和再融资等措施。

股权融资也是财务筹资管理的一部分。组织可以通过发行新股或回购股票来筹集资金。管理层需要权衡股权融资的利弊，以确保不会对现有股东权益造成不利影响。股权融资还涉及股权结构、股息政策和股权激励计划等方面的决策。管理层还需要考虑财务杠杆的影响。财务杠杆是债务与股权的比例，它影响组织的盈利潜力和风险水平。管理层需要确定适当的财务杠杆水平，以最大化股东价值并降低财务风险。

财务筹资管理模式还需要考虑投资者关系管理。管理层需要与投资者和股东保持积极的沟通，提供有关财务筹资决策的透明信息，有助于建立信任，吸引投资者支持，维护公司的声誉。管理视角下的财务筹资管理模式涉及融资决策、债务管理、股权融资、财务杠杆和投资者关系等多个方面。管理层需要综合考虑各种因素，以制定策略和决策，确保组织能够有效地筹集资金、管理债务和股权，支持企业的发展和增长，同时最大限度地降低财务风险。这个模式在支持组织长期成功和可持续增长方面发挥着至关重要的作用。

一、传统财务筹资模式

传统财务筹资模式是组织用来获得资本和满足经济需求的一种传统方式。这一模式涉及债务融资、股权融资、内部筹资和外部融资等多个方面，债务融资是传统财务筹资模式的核心组成部分。组织可以通过发行债券、借款或银行贷款等方式筹集资金。债务融资通常涉及支付利息和还本，有助于降低股东权益的稀释。这一模式有助于组织获得必要的资本，并扩大业务规模。股权融资是另一重要的传统筹资方式。包括发行新股票或私募股权，以筹集额外的资金。股权融资有助于提高股东权益，但也会分散控制权。它通常用于扩大业务、进行投资或回报股东。

内部筹资是传统筹资模式中的一种方法，指的是利用组织内部积累的盈余来满足资本需求。包括将公司利润再投资到业务中，用于扩展、研发和运营。内部筹资有助于提高财务稳健性，减少外部债务和股权的依赖。外部融资是一种常见的传统筹资方式，涉及与外部投资者、银行或金融机构合作，以获取资金，包括短期贷款、长期债务和股票发行。外部融资通常涉及支付利息或股息，但有助于满足短期和长期的资本需求。传统财务筹资模式还包括财务规划和风险管理。管理层需要制定财务策略，确保合理分配资本，降低财务风险，并优化股东价值，这涉及制定资本预算、资本结构管理和股息政策等决策。传统财务筹资模式涵盖多个方面，包括债务融资、股权融资、内部筹资和外部融资。这些方法有助于组织获得资本、满足资本需求、扩大业务规模，并管理财务风险。管理层需要谨慎权衡不同筹资方式，以制定适合组织需求和目标的财务策略，从而支持长期成功和可持续增长。

（一）股权融资

股权融资是一种重要的资本筹集方式，它允许公司通过发行股票或吸引股权投资来获得资金。发行股票是一种常见的股权融资方式。公司可以通过发行新股票来筹集资金，这被称为首次公开发行（IPO）或增发。新股份的发行会分散现有股东的持股比例，所以发行股票会导致公司的股东权益稀释，因为新股份的发行会分散现有股东的持股比例。然而，这种方式可以帮助公司获得大量资金，支持扩张和投资。股权投资是另一种股权融资方式。公司可以吸引风险投资家或私募股权投资基金的投资，以交换部分股权来获取资金。股权投资不仅可以为公司提供资金，还有经验和资源，有助于加速公司的成长。然而，这也会导致股东权益的稀释，并且可能涉及与投资者的合同和权益问题。

股权融资是影响股东权益的一个重要方面。发行新股票或吸引股权投资可能会导致现有股东的股份比例减少，从而稀释他们的权益。这意味着公司的控制权可能会发生变化，现有股东可能会失去一部分控制。股权融资还可能导致股东权益的价值增长，如果公司的业绩表现良好。股权融资也伴随着一定的风险。股东权益的稀释可能引发现有股东的不满，尤其是如果新股票以低价发行。吸引股权投资可能会涉及与投资者之间的谈判和合同问题，会对公司的自主性和战略决策产生一定程度的限制。如果公司的表现不佳，股东权益的价值可能会下降，导致股东损失。股权融资是一种重要的资本筹集方式，通过发行股票或吸引股权投资来获得资金。这些方式对股东权益有不同程度的影响，可能会导致股东权益的稀释，但也有助于支持公司的增长和发展。它们也伴随着一定的风险，需要谨慎权衡和管理。

（二）资本结构

传统财务筹资模式下的资本结构优化策略是企业在融资方面采取的重要战略之一，它涉及债务和股权的比例选择，以实现最佳的资本结构。企业应该平衡债务和股权的比例，以降低财务风险。债务融资虽然可以提供便宜的资本，但也带来偿还利息和本金的义务。如果企业债务过高，可能会导致财务杠杆率过高，增加偿还风险。因此，资本结构优化的策略之一是确保债务水平不超过可承受的范围。

企业需要考虑股东价值的最大化。股东价值最大化意味着在维持股东权益的同时，优化财务结构以降低成本和提高盈利能力。企业可以利用财务杠杆来增加股东回报，但也必须注意避免过度负债。长期资本需求应该与融资结构相匹配。企业的资本结构应该反映其长期发展计划和资本投资需求。如果企业需要大规模投资于长期项目，可以考虑较多的股权融资，以确保稳定的资本来源。企业应该定期评估资本结构，根据市场条件和经营状况进行调整。市场的变化和企业的成长可能导致资本需求发生变化，因此，资本结构也需要相应调整。企业可以考虑灵活的融资工具，如可转换债券或优先股，以满足不同的资本需求，在债务和股权之间提供一种中庸的选择，既可以获得债务的税收优势，又可以享受股权的灵活性。传统财务筹资模式下的资本结构优化策略是一个复杂的决策过程，需要综合考虑财务风险、股东价值、长期资本需求、市场条件和融资工具的选择等多个因素。企业应该根据自身情况和市场环境，制定合适的资本结构策略，以实现可持续的财务成功和股东价值最大化。这一策略的成功执行有助于企业在竞争激烈的市场中脱颖而出，实现长期增长和稳定盈利。

二、新兴财务筹资模式

新兴财务筹资模式是指现代企业在寻求融资时采用的创新方法和工具，以满足不断变化的市场需求和投资者的期望。这些模式在不同行业和组织中得到广泛应用，为企业提供了更多灵活性、高效性和多样化的融资选择。初创公司和小型企业越来越倾向于寻求风险投资和天使投资。这些投资者提供资金和战略支持，以帮助公司发展。风险投资通常是在早期阶段进行，而天使投资者则更早介入，通常是个人投资者。这种模式为初创企业提供了资金，以推动创新和增长。众筹成为一种热门的融资方式。企业可以通过众筹平台募集资金，吸引个人和小型投资者的支持。众筹模式可以涵盖多个领域，包括产品开发、艺术项目、慈善事业等。这种模式不仅提供了融资的途径，还可以增加产品或服务的曝光度，并建立与支持者的紧密联系。

创业公司和科技公司越来越倾向于采用首次公开募股的方式融资。募股允许企业将其股份交易到公开市场上，吸引大规模的投资者资金。这种模式不仅提供了大规模融资的机会，还可以提高公司的知名度和可见性。可转换债券也成为企业筹资的一种有吸引力的选择。这种债券可以在未来转换为公司股份，为投资者提供了获得潜在股权的机会，有助于降低债务负担，同时吸引投资者参与公司的长期增长。数字货币和区块链技术也为企业提供新的融资模式。初级硬币提供允许企业发行数字货币来募集资金，而区块链技术可以用于安全和透明的资金筹集。这一模式在金融科技领域得到广泛应用，并为企业提供一种新兴的融资途径。新兴财务筹资模式为企业提供多样化的融资选择，以满足不同的资金需求和战略目标，包括风险投资、众筹、IPO、可转换债券、数字货币和区块链技术等模式。企业可以根据其特定情况和市场条件选择最合适的筹资方式，以实现长期的财务成功和增长。这些新兴模式在不断演化，为企业提供了更多创新的筹资机会。

（一）创新融资方式

新兴的融资方式包括众筹和区块链融资，它们在资本市场中引起了广泛关注，具有独特的特点和广泛的应用场景。众筹是一种通过互联网平台向大众募集资金的方式分为股权众筹、消费者众筹和赞助众筹等多种形式。众筹的特点是能够吸引广大个人投资者，为创业者提供了多样化的资金来源。这种融资方式适用于初创企业、文化创意项目、社会公益事业等各种领域。区块链融资是利用区块链技术进行资金募集和管理的一种方式。最著名的区块链融资方式是 Initial Coin Offering（ICO）和 Security Token Offering（STO）。ICO 允许项目发行代币，吸引投资者购买，而 STO 则类似于传统股权融资，但使用区块链代币进行交易。区块链融资的特点是去中心化、透明、低成本和全球化。它适用于数字资产、区块链项目和加密货币领域。

这些新兴融资方式的应用场景广泛。众筹可用于创业融资、艺术品收藏、产品预售、慈善募捐等项目中。区块链融资可用于数字资产发行、项目融资、资产管理和交易所交易等领域。它们为创业者、投资者和项目发起人提供了更多的选择，降低了融资门槛，加速了项目的落地和发展。这些新兴融资方式也伴随着一定的风险和监管挑战。众筹可能存在项目失败、投资风险和欺诈行为等问题，需要谨慎选择平台和项目。区块链融资也面临监管不确定性、合规性和市场波动等风险。新兴融资方式如众筹和区块链融资为创新和投资提供了新的机会。它们的特点和应用场景各异，可以满足不同领域和项目的融资需求。然而，投资者和项目方在参与这些融资方式时需要谨慎考虑风险和合规性，并选择可信赖的平台和项目。

（二）混合融资模式

在现代财务管理中，结合传统和新兴财务筹资方式是一项关键的策略，可以实现资本的多元化和最佳利用。多元化融资渠道是关键。企业应该同时考虑传统的融资方式，如银行贷款、债务融资和股权融资，以及新兴的融资方式，如天使投资、风险投资、区块链融资等。这种多元化的融资渠道可以降低融资风险，确保企业有足够的资本来支持业务需求。企业需要根据其资本需求和风险承受能力来选择合适的融资方式。传统融资方式通常提供稳定的长期资本，适用于大型投资项目。新兴融资方式则更加灵活，适用于初创企业或需要快速资本回报的项目。企业应根据具体情况选择最适合的方式。融资决策需要考虑财务杠杆和财务结构。传统融资方式如债务融资可能增加财务杠杆，需要谨慎管理，以避免偿债风险。新兴融资方式则可能涉及股权分配，影响财务结构和股东权益。企业应综合考虑财务杠杆和结构，确保资本结构的合理性，还应该关注市场条件和投资者的需求。市场的变化可能会影响不同融资方式的可行性，了解投资者的需求和市场趋势有助于选择最适合的融资方式。

风险管理是多元化融资策略的关键组成部分。企业需要建立有效的风险管理框架，以监测和管理不同融资方式带来的风险。这包括财务风险、法律风险、市场风险等多个方面。结合传统和新兴财务筹资方式可以为企业提供更多选择，并实现资本的多元化和最佳利用需要根据企业的具体情况和需求，选择合适的融资方式，并谨慎管理财务风险和结构。多元化的融资策略有助于企业应对市场不确定性，实现长期的财务稳定和成功。

（三）投资者关系和社会影响

新兴财务筹资模式对于投资者关系管理和社会影响具有重要性包括可持续融资、社会影响债券和风险投资等模式，它们不仅能够吸引投资者，还能够塑造企业形象，满足社会责任。新兴财务筹资模式如可持续融资和社会影响债券能够吸引越来越注重可持续性和社会责任的投资者。投资者越来越认识到企业的环境、社会和治理表现对长期投资的重要性。通过采用这些模式，企业能够吸引到一群注重可持续性和社会影响的投资者，从而增加了融资的多样性和稳定性。新兴财务筹资模式有助于改善企业的社会影响。社会影响债券和可持续融资通常与特定的可持续发展目标和社会项目相关联。通过融资这些项目，企业不仅可以实现财务目标，还可以积极参与社会问题的解决，如环保、教育和健康。这有助于提高企业的社会声誉，加强与利益相关者的关系，促进可持续发展。

新兴财务筹资模式也有助于企业建立更透明和负责任的投资者关系。投资者对企业的财务表现和社会影响越来越感兴趣，他们希望了解企业如何管理风险、履行社会责任和实现长期增长。采用新兴财务筹资模式，企业需要更加透明地报告其社会和治理绩效和社会影响，从而加强与投资者之间的沟通和信任。

新兴财务筹资模式在投资者关系管理和社会影响方面具有重要性。它们能够吸引具有可持续和社会责任意识的投资者，提高企业的社会影响，加强与利益相关者的关系，并促进透明和负责任的企业管理。这些模式不仅有助于企业融资，还有助于实现可持续增长和社会责任的目标。

第二节　财务投资管理模式

管理视角下的财务投资管理模式是企业在实施投资决策时的战略方法，它涵盖多个关键方面，以确保投资能够最大化股东价值并实现长期可持续的财务成果。财务投资管理模式强调了资本预算的重要性。企业需要仔细评估各种投资项目的可行性，包括新产品开发、市场扩张、资产购置等，这涉及评估预期的投资回报率、风险、现金流和期限。资本预算方法如净现值（NPV）、内部收益率（IRR）和投资回收期（Payback Period）等被用来评估和排定不同项目的优先级。财务投资管理模式强调了风险管理的必要性。企业必须识别、评估和管理与投资相关的各种风险，包括市场风险、信用风险、操作风险和法律风险等，可能涉及采用金融衍生品、保险、多样化投资组合等策略，以减轻潜在损失。

财务投资管理模式强调投资组合的多样化。企业应该分散投资风险，通过投资于不同行业、地区和资产类别来实现多样化，降低投资组合的整体风险，并提高长期投资回报的可持续性。财务投资管理模式侧重于资金管理和资本结构。企业需要确保有足够的资金来支持投资项目，并考虑债务和股权的优化结构，包括选择适当的融资来源、债务偿还计划和股息政策等。财务投资管理模式注重绩效监控和报告。企业需要建立有效的绩效评估体系，以监测投资项目的实际表现，包括定期报告、比较预算和实际绩效、识别偏差并采取纠正措施。管理视角下的财务投资管理模式是一种综合的方法，旨在确保企业的投资策略与其财务目标和风险承受能力相一致。它涵盖资本预算、风险管理、投资组合多样化、资金管理和绩效监控等多个关键方面，有助于企业有效地管理其资金，并实现长期可持续的财务成功。这是一个动态的过程，需要不断优化和调整，以适应变化的市场条件和战略目标。

一、传统财务投资模式

传统财务投资模式是指在金融市场中常见的一系列投资方式和策略，旨在获取投资回报并实现财务目标。包括股票投资、债券投资、房地产投资、现金等多个方面，投资者可以购买公司的股票，成为公司的股东。股票投资的目标是通过股票价格的上涨和股息的获得来实现投资回报。股票市场提供广泛的选择，包括成长股、价值股和分红股等不同类型的股票。债券是公司或政府发行的债务，工具，投资者可以购买债券并获得固定的利息回报。债券投资通常被认为是较低风险的投资选择，适用于追求稳定回报和保值的投资者。

投资者可以购买房地产，包括住宅、商业物业和土地等。房地产投资的目标是通过租金收入和资产价值的上涨来获得回报。房地产市场通常受地区经济和市场供需的影响在此环境下投资者可以将资金存放在银行账户、货币市场基金或其他流动性高的资产中。现金投资的目标是保持资金的流动性，并获得相对较低的风险和回报。多元化投资旨在将投资分散到不同类型的资产中，以降低风险。这可以通过投资组合管理、资产配置和定期重新平衡来实现。投资者需要确定投资期限是短期还是长期，以及自己的风险承受能力，以便选择合适的投资策略。财务目标包括资本增值、收入增加、退休储蓄和遗产传承等。传统财务投资模式提供了多样化的投资选择，以满足不同投资者的需求和目标。投资者需要仔细考虑不同的投资方式和策略，以制定适合自己的投资计划，实现财务目标并管理风险。这些传统投资模式在金融市场中发挥着重要作用，有助于实现长期财务成功和财务自由。

（一）投资组合构建

构建传统投资组合是一项复杂的任务，需要综合考虑多个因素，包括资产配置、分散化和风险管理等策略。资产配置是构建投资组合的基础。它涉及确定在不同资产类别之间分配资金的比例。通常，资产类别包括股票、债券、现金等。资产配置策略基于投资者的风险偏好和财务目标，可以采取保守、平衡或激进的方法。例如，年轻的投资者可能更倾向于激进的资产配置，以追求更高的长期回报，而退休人士可能更倾向于保守的配置，以保护资本。分散化是降低投资组合风险的重要策略。它涉及将资金分散到不同的资产类别、行业和地区，以减少特定风险的影响。分散化有助于平衡投资组合，减轻单一资产或行业的风险，例如，如果投资者将资金投入多个不同行业的股票和债券，那么单一行业的不利影响不会对整个投资组合产生重大影响。风险管理也是构建投资组合的关键。风险管理策略包括设置止损点、定期重新平衡投资组合、使用多样化的金融工具来对冲风险等。止损点帮助投资者限制损失，定期重新平衡有助于保持资产配置的目标，而对冲工具可以降低市场波动性的影响。

考虑投资的时间跨度也至关重要。投资者需要根据自己的财务目标和投资期限来制定策略。长期投资者可能更侧重于成长和价值投资，而短期投资者可能更关注市场趋势和交易策略。构建传统投资组合需要谨慎的资产配置、分散化、风险管理和考虑投资期限等多方面的策略。这些策略有助于平衡风险和回报，满足投资者的财务目标，并在不同市场条件下实现稳健的投资表现。投资者应根据自己的情况和需求来制定适合的投资组合策略。

（二）投资风格

传统投资模式下存在多种不同的投资风格，每种风格都有其独特的策略和目标。

1. 价值投资

价值投资的策略是寻找低估值的投资机会。这意味着投资者寻找被低估的股票或资产，通常以低市盈率或低市净率为特征。价值投资的目标是购买低估的资产，并在市场重新评估它们的价值时实现资本增值。价值投资者通常更注重长期投资，而不是短期波动。

2. 成长投资

成长投资的策略是寻找高增长潜力的股票或资产。这种风格的投资者关注公司的盈利增长、市场份额扩展和创新能力。成长投资的目标是投资在具有高潜力的企业，并实现长期资本增值。成长投资通常涉及较高的风险，但也可能带来更高的回报。

3. 股息投资

股息投资的策略是寻找分红稳定且可持续的公司股票。这种投资风格的目标是获得股息收入，并在股价稳定或增长的情况下实现资本增值。股息投资通常是一种稳健的投资选择，适合那些寻求稳定现金流的投资者。

4. 基本面投资

基本面投资的策略是通过深入研究公司的基本经济指标来做出投资决策。包括分析公司的财务报表、行业地位、竞争力和管理团队。基本面投资的目标是根据公司的基本面价值来投资，并实现长期资本增值。

5. 技术分析投资

技术分析投资的策略是根据股票价格和市场趋势来做出投资决策。这种风格的投资者使用图表、趋势线和技术指标来预测价格走势。技术分析的目标是根据历史价格模式来获取短期或中期的投资机会。

6. 价值投机

价值投机的策略是寻找短期市场波动和价格变动的机会，以实现快速的资本增值。这种风格的投资者通常更关注短期事件和市场情绪，以寻找投机机会。价值投机的目标是迅速获取利润。

不同的投资风格适用于不同的投资者和市场条件。投资者可以根据自己的投资目标、风险承受能力和市场观点选择适合自己的投资策略。在制定投资决策时，了解这些不同的风格和策略可以帮助投资者更好地规划和管理其投资组合。

（三）投资绩效评估

衡量和评估传统投资模式下的投资绩效是投资管理的核心任务之一。这涉及使用多种方法来确定投资的成功与否，包括基准指数的比较、风险调整回报等。基准指数的比较是一种常用的方法。投资者通常会选择一个相关的基准指数，该指数反映了他们所投资的资产类别或市场的表现。通过比较投资组合的回报与基准指数的表现，投资者可以评估其投资的相对表现。如果投资组合的回报高于基准指数，那么可以认为该投资是成功的。风险调整回报也是评估投资绩效的重要方法。投资者不仅关注回报率，还关注与其风险水平相比的回报。风险调整回报考虑投资组合的波动性和风险，以确定是否在承担适当的风险的情况下实现了良好的回报。常用的风险调整回报指标包括夏普比率和特诺雷比率。时间序列分析也是一种评估投资绩效的方法。通过观察投资组合的历史回报，投资者可以识别趋势和周期性波动，确定其长期绩效。时间序列分析可以帮助投资者识别是否存在过多的波动或不稳定性。投资绩效评估还会考虑其他因素，如成本和税收。成本包括交易费用、管理费用和其他相关费用，这些成本可以显著影响投资绩效。税收策略也可能影响投资回报，因此需要加以考虑。衡量和评估传统投资模式下的投资绩效是复杂而多维的任务。投资者需要综合考虑多种因素，包括基准指数的比较、风险调整回报、时间序列分析、成本和税收等。这些方法可以帮助投资者更全面地了解其投资的成功程度，从而做出明智的投资决策。

二、新兴财务投资模式

新兴财务投资模式是指当代金融领域中不断涌现的创新投资方式，这些模式改变了传统投资模式的特点和方式，并在全球范围内引起了广泛的关注。区块链和加密资产投资模式已成为热门的趋势。区块链技术作为去中心化的分布式账本系统，为数字货币和资产提供了安全和透明的交易平台。加密资产如比特币、以太坊等不仅在全球范围内引起了广泛关注，也吸引了投资者的兴趣。这一模式使得投资者能够参与全新的资产类别，并为分散投资提供了机会。环保、社会和公司治理（ESG）投资模式日益流行。这一模式关注企业的环境、社会和治理实践，投资者将其纳入投资决策的因素之一。ESG投资不仅可以实现财务回报，还可以推动社会和环境可持续性。这一趋势引导了企业更注重可持续性和社会责任，为投资者提供了更多的选择。

创业公司和初创企业融资模式得到广泛关注。初创企业可以通过天使投资、风险投资、孵化器和加速器等途径获得资金。这一模式支持了创新和创业精神，促进了新产品和技术的发展。智能投顾（Robo-Advisors）和量化投资模式也深受投资者的青睐。智能投顾利用算法和人工智能技术来提供个性化的投资建议和组合管理。量化投资则侧重于使用数据分析和数学模型来制定投资策略。这两种模式提供了低成本、高效率和自动化的投资选项。私募股权和风险共享模式在企业融资中占据重要地位。私募股权投资允许企业融资，同时保持私有性。风险共享模式涉及与外部合作伙伴共享风险和回报，以共同推动项目或业务的发展。新兴财务投资模式为投资者和企业提供了更多多样化、灵活和可持续的融资和投资机会，包括区块链和加密资产、ESG投资、创业融资、智能投顾、量化投资、私募股权和风险共享等模式。这一新兴模式反映了金融市场的不断演变和创新，为投资者和企业带来了更多的选择和机会，同时也带来了挑战和风险。在这个快速发展的领域中，不断的教育和风险管理变得尤为重要。

（一）另类投资

新兴投资模式中的另类投资包括大宗商品、风险投资、私募股权和区块链资产等，它们各自具有独特的特点和风险。大宗商品投资涉及购买和持有实物商品，如黄金、石油、大豆等。这种投资通常用于对冲通货膨胀风险或寻求多样化的投资组合。大宗商品的特点是价格波动较大，受供需、地缘政治和天气等因素的影响，因此具有较高的市场风险。风险投资是投资于初创企业或高增长潜力公司的一种形式。风险投资通常通过购买公司的股权来获得回报。它的特点是具有高风险和高回报的潜力，因为许多初创企业可能失败，但成功的投资可以带来巨大的回报。

私募股权是投资非上市公司的资本，通常由私人股本公司或风险投资基金管理。私募股权投资的特点是投资者需要长期持有，具有较低的流动性，但可能获得更高的回报。同时，私募股权市场也存在较高的信息不对称和风险。区块链资产是数字资产，基于区块链技术。这些资产的特点包括去中心化、安全性和可追溯性。此外，区块链资产市场也存在价格波动性较大、监管不确定性和技术风险等问题。另类投资具有多样化的特点和风险。投资者需要根据自己的风险偏好、投资目标和市场条件来选择适合的投资模式，并谨慎管理风险。不同的另类投资模式可以为投资组合提供多样化和增加回报的机会，但也需要深入了解和研究，以最大程度地降低风险。

（二）社会财务投资

社会财务投资是一种具有显著增长趋势的投资方法，它强调了社会和环境的可持续性，并同时追求投资者的价值观和利润目标。投资者越来越关注企业的环境表现，包括减少碳排放、资源有效利用和采用可再生能源。环保投资的目标是支持那些在环保领域表现出色的企业，并推动环保创新。投资者关心企业的社会责任和道德行为，包括员工福祉、社区参与和供应链透明度。社会责任投资的目标是支持那些在社会和伦理方面表现出色的企业，并鼓励企业承担更多社会责任。

投资者意识到只有在长期内实现可持续性，企业才能持续成功。可持续性投资的目标是支持那些在环境、社会和治理方面表现出色的企业，并促使企业在可持续性方面取得进展。社会财务投资包括其他领域，如社会创新、女性经济和多元化投资。投资者越来越多地将资本投入到这些领域，以推动社会变革和增加投资回报。社会财务投资的增长趋势反映了投资者对更有意义、更可持续的投资选择的需求，这一趋势有助于推动企业采取更加社会和环境友好的做法，同时也为投资者提供了机会，在实现财务回报的同时，为社会和环境做出积极贡献。随着社会财务投资继续蓬勃发展，它将不断塑造金融市场的未来，并引领更多的企业和投资者迈向可持续和有意义的投资未来。

（三）投资策略

新兴财务投资模式带来了多样化的策略和方法，这些策略和方法为投资者提供了更多选择，以实现更高的回报和更有效的风险管理。主动管理策略是一种新兴财务投资模式，它涉及投资组合经理积极地选择和管理投资，以超越市场基准。这种策略侧重于挖掘市场中的投资机会，通过研究和分析来做出投资决策，以实现超越管理的投资组合。主动管理策略通常需要更高的专业知识和研究成本，但可以为投资者带来更高的回报潜力。机器学习是一种基于人工智能的策略，已经在新兴财务投资模式中得到广泛应用。通过分析大量的市场数据和模式，机器学习算法可以发现潜在的投资机会和风险。机器学习可以自动执行交易，识别趋势和模式，帮助投资者更有效地管理投资组合。这种方法对大规模数据分析和高频交易效果明显。

新兴财务投资模式还包括社会责任投资和可持续投资策略。这些策略强调投资于具有社会和环境价值的企业或项目，以实现经济回报，以及社会和环境效益。社会责任投资和可持续投资策略已经吸引了越来越多的投资者，他们将道德和可持续性因素纳入投资决策中。定量投资策略是一种新兴财务投资模式，它依赖数学和统计模型来做出投资决策。这种策略可以自动化执行交易，基于大量数据和历史表现来预测市场走势。定量投资策略可以帮助投资者更好地管理风险和提高回报。新兴财务投资模式为投资者提供了多种策略和方法，以满足不同的投资目标和风险偏好，包括主动管理、机器学习、社会责任投资和可持续投资策略以及定量投资策略等。投资者可以根据其特定需求和目标选择最适合他们的策略，以实现更好的投资绩效。这反映了金融市场不断演变和创新的本质，为投资者提供更多的选择和机会。

第三节 财务营运资金管理模式

财务营运资金管理是企业管理中的一个关键方面，它涉及管理资金的流动，以确保企业的正常运营和发展。

资金筹集是财务营运资金管理的一部分。企业需要确保有足够的资金来满足日常运营的资金需求，包括支付供应商、工资、租金等。为了筹集资金，企业可以采用不同的方法，如自有资金、借款、发行股票或者销售资产等。选择适当的资金筹集方式是财务营运资金管理的一个重要决策。资金分配是管理视角下的关键因素。筹集资金后，企业需要决定如何分配这些资金以满足各种需求，包括分配资金用于日常运营、投资项目、偿还债务和分配股利等。资金分配需要综合考虑企业的战略目标、风险偏好和长期发展计划。现金流量管理也是财务营运资金管理的一部分。企业需要密切监控现金流入和流出，以确保资金充足，避免资金短缺或过多闲置。现金流量管理涉及预测未来的现金流动，以便提前做出调整，确保企业具有足够的流动性。

财务营运资金管理还需要维护适当的储备金。企业需要保持一定数量的现金储备，以应对突发事件或不稳定的市场条件。这种储备金可以用来支付意外的支出或抵御不利的经济环境。储备金的管理需要谨慎，以确保它们足够但不过多。风险管理也是管理视角下的财务营运资金管理的一部分。企业需要识别和管理各种风险，如市场风险、信用风险和流动性风险等。有效的风险管理可以降低资金损失的风险，确保企业的长期稳定运营。管理视角下的财务营运资金管理是企业管理中的一个至关重要的方面。它涉及资金筹集、分配、现金流量管理、储备金管理和风险管理等多个方面。有效的财务营运资金管理可以确保企业具有足够的资金来支持日常运营和长期发展，从而为企业的成功和可持续增长创造有利条件。这需要精细的规划、战略决策和风险管理，以适应不断变化的商业环境和市场条件。

一、传统财务营运资金管理模式

传统财务营运资金管理模式是组织用来管理日常业务运营中所需的资金的一种传统方式。涉及现金流管理、应收账款管理、应付账款管理和存货管理等多个方面。现金流管理是传统财务营运资金管理的核心。它包括监控和管理组织的现金流入和流出，保证有足够的现金来满足日常业务需求。现金流管理涉及制定预算、跟踪现金流、管理短期投资和维护紧密的银行关系，以确保资金的流动性和可用性。应收账款管理是财务营运资金管理的重要组成部分。组织需要有效地管理客户的账款，保证及时收款并减少坏账风险，包括制定信用政策、监控账款逾期情况、采取催收措施和与客户协商支付条件等。

应付账款管理也是重要的一环。组织需要延迟支付供应商的账款，以延长资金周转周期。应付账款管理涉及优化支付时机、协商优惠条件、审查供应商合同和控制开支等。存货管理是传统财务营运资金管理模式中的另一个关键方面。组织需要确保存货水平适当，以满足客户需求，同时最大程度地降低库存成本和仓储费用。存货管理包括制定采购计划、优化库存转换周期、监控库存水平和处理滞销存货等。传统财务营运资金管理模式还需要考虑短期负债和长期资产之间的平衡。管理层需要确保短期负债（如短期借款）用于支持短期资产（如应收账款和存货），避免流动性风险。同时，也需要谨慎管理长期资产（如设备和房地产），以确保它们的价值和效益。传统财务营运资金管理模式涵盖了现金流管理、应收账款管理、应付账款管理和存货管理等多个方面。这些管理实践有助于确保组织能够有效地管理日常业务运营中所需的资金，同时最大化资本的使用效率，降低风险，并支持长期财务稳健。这一模式对组织的经济健康和可持续增长至关重要。

（一）营运资金的定义

营运资金，是指组织用于日常运营活动的资金，用于支持其短期运营需求，包括购买原材料、支付工资、应付账款、维护设备、支付运营费用等。营运资金可以被看作是企业运作的血液，是维持正常运营的关键资金。营运资金的重要性在于它直接影响着组织的流动性和稳定性。组织需要足够的营运资金来确保正常运营，否则可能会面临支付供应商、工资、租金等的困难。

没有足够的营运资金，企业可能无法满足其短期债务和运营需求，最终导致财务危机。

营运资金也在组织的成长和发展中扮演着关键的角色。充足的营运资金可以支持库存扩大、销售增长和新项目的启动。它为企业提供了灵活性，使其能够迅速应对市场变化和商机。管理营运资金也是财务管理的一个重要方面。通过有效管理账款、库存和应付账款等元素，组织可以优化资本的使用，降低成本，提高效率。合理管理营运资金还有助于降低财务风险，维护信用评级和投资者信任。

营运资金是组织日常运营不可或缺的资金，直接影响其流动性、稳定性和发展。管理和维护足够的营运资金对确保组织的正常运营和可持续发展至关重要。有效管理营运资金有助于提高财务效率、降低风险，并为未来的增长和机会创造条件。

（二）营运资金管理的目标

传统模式下的营运资金管理旨在实现多个主要目标，以确保企业的财务稳健和持续经营。流动性是企业生存和发展的生命线。通过合理管理营运资金，企业可以确保在应对突发事件、支付短期债务或投资新机会时有足够的现金流，有助于避免流动性危机，并维持企业的稳健运营。成本最小化是营运资金管理的重要目标之一。企业需要确保资金的有效使用，以降低融资成本。通过合理管理库存、应收账款和应付账款等资产和负债，可以减少资金占用和财务费用，从而提高盈利能力。

降低风险也是目标之一。通过管理营运资金，企业可以减少不必要的风险，如信用风险和市场风险。及时清算应收账款、妥善处理库存和优化应付账款可以降低企业面临的风险。另一个重要目标是提高效率。有效管理营运资金可以减少资金的占用时间，提高现金周转率，并加速业务流程。这有助于提高企业的竞争力和市场反应速度。优化投资回报也是营运资金管理的目标之一。通过将多余的现金用于投资或债务偿还，企业可以实现资本的最佳利用，提高投资回报率。传统模式下的营运资金管理旨在确保企业具有足够的流动性来应对需求，同时降低成本、降低风险、提高效率和优化投资回报。这些目标的实现有助于企业实现财务健康，提高竞争力，并在不断变化的市场环境中取得成功。因此，合理管理营运资金是企业财务管理的重要组成部分。

（三）资金运用

资金运用方面的策略对企业的财务管理至关重要，其中包括应收账款管理、存货管理和应付账款管理等。应收账款管理是保证企业及时收取客户欠款的关键策略。企业应采取措施来确保客户按时支付未清账款，以减少资金闲置，包括建立明确的账款收款政策，设定合理的信用限额，及时追踪欠款并采取适当的催款措施。通过高效的应收账款管理，企业可以提高现金流入，加强资金运用效率。存货管理涉及确保企业的存货水平处于适当水平，避免过度库存或库存不足的问题。过多的库存会占用资金，并可能导致资金的浪费，而库存不足可能影响生产和销售。因此，企业需要建立有效的库存管理策略，包括定期审查库存水平，优化采购和生产计划，以确保存货的合理水平。应付账款管理是确保企业按时支付供应商的账款的关键策略。企业应该努力维护与供应商的良好关系，同时也要确保支付条件符合合同和协议。管理应付账款的目标是在充分利用供应商提供的信用期限的同时，最大限度地减少延迟付款的情况，维护供应链的顺畅运作，并提高资金利用率。资金运用方面的策略对企业的财务健康至关重要。有效的应收账款管理、存货管理和应付账款管理可以提高资金的运用效率，增加现金流入，并降低资金的浪费和风险。这些策略需要与企业的整体财务战略相一致，并根据市场条件和经营需要进行不断调整和优化。通过精细的资金运用策略，企业可以提高盈利能力，增强竞争力，实现可持续发展。

二、新兴财务营运资金管理模式

新兴财务营运资金管理模式是企业在管理其日常运营所需的资金时采用的创新方法。这一模式强调资金的高效利用、风险管理和战略规划，以确保企业能够满足其短期和长期的资金需求，并实现可持续的经营成功。也强调现金流管理的重要性。企业需要仔细监控和规划现金流，确保足够的现金可用来支付日常开支，如员工工资、供应商付款和债务偿还。现代企业越来越依赖于数据分析和预测模型来优化现金流，以避免流动性问题。新兴财务营运资金管理模式倡导供应链融资和库存管理的创新方法。企业可以通过与供应商和合作伙伴建立紧密的关系，共享信息和风险，以提高供应链的效率和可靠性。同时，优化库存管理可以减少存货成本和提高资金利用率。

这一模式关注短期融资和资本结构的优化。企业可以考虑使用短期贷款、商业信用和票据来满足短期资金需求，以降低债务负担。企业也应该考虑资本结构的优化，包括债务和股权的比例，确保最佳的融资结构。新兴财务营运资金管理模式倡导风险管理的全面方法。企业需要识别、评估和管理与资金管理相关的风险，包括市场风险、信用风险、流动性风险和操作风险等。这可以通过使用金融工具、保险和多样化投资组合等策略来实现。这一模式强调了技术和数据分析的应用。现代企业越来越依赖于财务管理软件和数据分析工具，以更好地管理资金、监控现金流和进行决策支持。这有助于提高决策的准确性和速度，降低错误率。新兴财务营运资金管理模式是一种综合的方法，旨在确保企业能够高效地管理其日常运营所需的资金。包括现金流管理、供应链融资、库存管理、短期融资、资本结构优化、风险管理和技术应用等多个方面。这一模式有助于企业确保资金的可用性、降低成本、降低风险，支持可持续的经营成功。在竞争激烈的商业环境中，有效的财务营运资金管理是企业成功的关键之一。

（一）融资创新

新兴融资方式如供应链融资和数字化贸易金融正在改进资金流动性并降低资金成本，为企业提供更多的融资选择和商业机会。供应链融资是一种基于整个供应链的融资模式，它允许企业以供应链上的应收账款或库存为抵押来获得融资。这种方式有助于优化资金在供应链中的流动，缩短支付周期，提高资金使用效率，降低融资成本。供应链融资对供应商和买方都有利，有助于加强合作伙伴关系，同时降低信用风险。数字化贸易金融是利用数字技术和区块链等新兴技术来改进贸易金融流程的方式包括数字化合同、智能支付、数字货币和供应链可追溯性等创新。数字化贸易金融有助于减少纸质文件和中介环节，提高交易的透明度和效率，降低融资成本。它还有助于解决跨境贸易中的支付和结算问题，促进国际贸易的发展。

这些新兴融资方式对企业具有多重好处。它们提供了更便捷、快速和便宜的融资途径，有助于缓解资金压力，特别是对于中小企业。它们改善了供应链管理和贸易金融流程，有助于提高效率和降低运营成本。新兴融资方式也伴随着一些挑战，包括数字安全风险、监管合规性和技术风险等。因此，企业需要谨慎选择合适的新兴融资方式，并充分了解其特点和风险。综合来看，供应链融资和数字化贸易金融等新兴融资方式为企业提供了更多的融资和贸易选择，有助于改进资金流动性和降低资金成本，促进商业发展。

（二）预测和规划工具

新兴财务营运资金管理模式强调了先进的预测和规划工具，以应对不断变化的市场和经济环境。现金流预测是新兴营运资金管理的核心。通过详细的现金流预测，企业可以准确估算未来的资金需求和流动性状况。这有助于企业及时准备足够的资金，避免流动性危机，并优化现金管理策略。现金流预测还可以帮助企业识别未来的现金峰值和低谷，以更好地应对季节性或周期性的资金波动。

敏感性分析是一种关键的工具，可以帮助企业了解不同因素对营运资金的影响。通过变动关键变量，如销售增长率、成本变动和付款延迟，企业可以评估不同情景下的现金流情况。这有助于识别潜在的风险和机会，制定更灵活的资金管理策略。另一个重要的工具是资金预测模型。这些模型基于历史数据和未来预测，帮助企业建立对资金需求的深刻理解。通过不断更新和优化这些模型，企业可以更好地管理和规划资金，确保有足够的流动性来支持业务需求。新兴营运资金管理还包括了高级技术工具，如人工智能和大数据分析，这些工具可以帮助企业更准确地预测现金流，并发现隐藏的趋势和模式。通过智能算法，企业可以实时监控现金流，并及时采取行动，以优化资金管理。

新兴模式还强调了跨部门协作和信息共享。企业部门之间的合作可以更好地协调资金需求和供应，降低内部流动性风险。信息共享也有助于更准确地识别和解决潜在的资金瓶颈。新兴财务营运资金管理模式借助先进的工具和技术，如现金流预测、敏感性分析、资金预测模型和高级技术工具，实现更精确、更灵活的资金管理。这有助于企业更好地应对市场的不确定性和挑战，确保有足够的流动性来支持业务增长和发展。这种新兴模式的采用可以提高企业的竞争力，为可持续的经营成功打下坚实的基础。

第四节　财务利润分配管理模式

管理视角下的财务利润分配管理模式是组织中关键的决策和实践，涉及利润的分配、股东回报、再投资和财务规划等方面。利润分配是一个关键决策，涉及将企业的盈余分配给不同的利益相关者。管理层需要确定如何分配利润，包括支付股东股息、再投资盈余等，用以支持企业增长、还债、支付薪酬和纳税等。分配的方式可以通过现金分红、股票回购、红利再投资计划等形式进行。股东回报是财务利润分配的一个重要方面。管理层需要决定股东应该获得多少回报，以吸引投资和维护投资者的信任，包括制定股息政策和股票回购计划，以确保股东获得适当的回报。再投资是财务利润分配中的关键决策。管理层需要考虑将多少盈余用于再投资，以支持企业的增长和发展。再投资可以用于扩大生产能力、研发新产品、并购其他公司或偿还债务等。再投资的决策需要综合考虑风险、市场机会和企业战略。财务规划也是管理视角下的重要任务。管理层需要规划如何有效地管理盈余，以满足未来的财务需求。包括现金流规划、预算制定、长期财务规划和风险管理等。财务规划有助于确保组织能够应对不确定性和变化，同时保持财务稳健。

管理层还需要考虑股东和利益相关者的期望和需求。他们需要与投资者、董事会、监管机构和员工保持积极的沟通，提供有关财务利润分配决策的透明信息。这有助于建立信任、确保合规性，并维护公司的声誉。管理视角下的财务利润分配管理模式涉及多个方面，包括利润分配、股东回报、再投资、财务规划和与利益相关者的沟通。管理层需要权衡各种因素，以制定明智的决策，确保组织能够实现长期成功和可持续增长。这个模式对维护投资者信任、支持企业增长和管理财务资源至关重要。

一、传统财务利润分配模式

传统财务利润分配模式，是指组织在经济活动中获得的利润如何分配给各种利益相关者的一种传统方式，这个模式涉及股东回报、再投资、红利支付、债务偿还等多个方面。股东回报是传统财务利润分配模式的关键要素之一。股东回报涉及将一部分利润分配给公司的股东，通常以股息或股票回购的形式。这有助于吸引投资者并维护股东的利益，同时提高公司的市场声誉。再投资是传统财务利润分配模式中的重要部分。组织可以选择将一部分或全部利润再投资到业务中，以支持公司的增长和发展。再投资可以用于研发新产品、扩大市场份额、提高生产能力或进行并购等。

红利支付也是一种传统的分配方式。公司可以选择向股东支付现金红利，这通常是按股东持有的股份比例分配的。红利支付提供了现金回报，对于那些依赖于股息收入的投资者来说尤为重要。债务偿还是传统财务利润分配模式的一部分，涉及偿还到期的债务。公司需要根据债务合同的要求按时支付利息和本金，以维护信用评级和债务偿还能力，同时要考虑再投资和分配之间的平衡。管理层需要权衡将多少利润用于再投资，用以支持增长，以及将多少利润分配给股东，满足他们的期望和需要。传统财务利润分配模式涵盖了股东回报、再投资、红利支付和债务偿还等多个方面。这些决策对于公司的财务稳健和股东满意度至关重要。通过合理分配利润，公司可以实现可持续增长，同时维护良好的股东关系。

（一）利润分配的基本原则

财务利润分配的基本原则包括股东分红、储备金和税收等方面的考虑，这些原则有助于组织合理分配和管理盈利。股东分红是将盈利的一部分返还给公司股东的一项基本原则。股东分红通常以现金或股票的形式发放，作为对股东对公司投资的回报。分红政策可以根据公司的盈利状况、资本需求和股东期望而有所不同。分红有助于吸引投资者，并增强股东的信心和满意度。储备金是公司保留部分盈利以应对未来需求和风险的原则。储备金通常分为一般储备金和特定储备金。一般储备金用于应对未来的经营风险和不确定性，如市场波动或突发事件。特定储备金用于特定用途，如研发投资或固定资产更新。储备金有助于维持公司的流动性和稳定性，确保有足够的资本支持未来的增长和发展。

税收是财务利润分配的一个重要考虑因素。税收规定和税率会影响到盈利分配的决策。不同国家和地区的税法和税收政策各异，因此，公司需要谨慎规划盈利分配，以最大程度地减少税收负担。税务筹划可以包括合法的税收减免、折旧和摊销等策略。财务利润分配的基本原则包括股东分红、储备金和税收等因素。这些原则有助于公司合理分配和管理盈利，满足股东需求，维持流动性和稳定性，并降低税收负担。分红、储备金和税务筹划是公司财务管理中的重要组成部分，需要谨慎考虑和规划。

（二）储备金管理

储备金管理对企业的未来成功至关重要，它可以用来应对未来的风险和机会。企业应该明确定义储备金的目的和用途，以确保其在未来的风险和机会中得到最有效的利用，这包括确定适当的储备金水平，以满足潜在的财务需求。多元化储备金投资是关键策略之一。将储备金投资于不同类型的资产类别，如现金、债券、股票和其他投资工具，可以降低风险并提高回报潜力。多元化投资可以减轻储备金受到特定市场或行业波动的影响。建立紧急储备金是一项重要的举措。这种储备金用于应对突发事件或紧急情况，如自然灾害、市场崩溃或不可预见的财务需求。紧急储备金应该保持高度流动性，以确保可以随时提取并满足紧急情况下的资金需求。

定期审查和更新储备金策略也至关重要。企业的财务状况、风险和机会都可能发生变化，故而储备金策略需要不断调整以适应新的情况。定期审查储备金投资组合的性能，并根据需要进行重新分配，以确保最佳的储备金管理。储备金管理需要透明和负责任。企业应该建立适当的内部控制和报告机制，以监督储备金的使用和管理。透明度和负责任性有助于确保储备金不被滥用或误用，并提高投资者和利益相关者的信任。储备金管理是一项关键的财务策略，可以帮助企业应对未来的风险和机会。通过建立清晰的政策、多元化投资、建立紧急储备金、定期审查和保持透明负责任，企业可以有效地管理储备金，确保其在需要时可用，并在不断变化的经济环境中取得成功。这种管理方法有助于提高企业的财务稳健性和可持续性。

（三）税收策略

传统模式下的税收策略在企业财务管理中具有重要意义，其中包括利润避税和税收规划。利润避税是一种常见的税收策略，企业通过合法手段来减少应纳税利润，以降低税收负担，包括合理利用税法中的折旧、摊销、减值和税收减免等政策。企业可以选择最佳的税收结构，例如选择合适的税务管辖区，以降低税收成本。企业可以优化财务结构，合理分配成本和收入，以最大程度地减少应纳税额。然而，利润避税策略需要谨慎操作，确保合规性，避免触犯税法。税收规划是一种长期的税收管理策略，旨在最大限度地减少整体税收负担。企业可以通过多种方式进行税收规划，如选择适当的税务管辖区、最佳时间管理税款支付、优化资本结构和股权安排等。税收规划还可以包括跨国企业的国际税务规划，以最大程度地减少跨国经营所涉及的税务风险。这种策略需要与税务专家密切合作，保证遵守税法并最大限度地减少税收负担。合规性和透明度对于传统模式下的税收策略至关重要。企业应当遵守适用的税法，确保报告和申报的准确性。合规性有助于降低潜在的法律风险和罚款，同时也有助维护企业的声誉。透明度则涉及向税务机关和利益相关者提供准确的税务信息，以建立信任关系并降低潜在的调查风险。

传统模式下的税收策略对企业财务管理意义显著。利润避税和税收规划是有效降低税收负担的关键手段，但需要谨慎操作和合规性。税收策略需要与税务专家密切合作，并根据企业的特定情况和战略进行调整和优化。税收策略应当与企业的整体财务战略相一致，以实现财务目标并确保长期可持续发展。

二、新兴财务利润分配模式

新兴财务利润分配模式，是指企业在决定如何分配其盈利时采用的创新方法。这些模式不仅影响股东回报，还关系到企业的可持续性和社会责任。员工激励计划成为越来越受欢迎的利润分配方式。企业将一部分利润用于员工奖励和激励，如股票期权、绩效奖金和员工股份计划。这有助于吸引和留住高素质的员工，激发他们的工作动力，并与企业的成功挂钩。社会责任和可持续性投资模式日益受到重视。企业将一部分盈利用于社会和环境项目，以回馈社会、改善社会福祉和推动可持续发展。这种模式强调了企业的社会责任，并能够提高企业的声誉和品牌价值。

股利再投资计划成为一种常见的利润分配方式。企业鼓励股东将股利再投资到公司股票中，以支持企业的增长和发展。这有助于企业保持流动性并降低融资成本。股权回购计划也在新兴财务利润分配模式中占有一席之地。企业回购自己的股票，以提高每股股价并回报股东。这种模式可以用于管理公司的资本结构，增加股东价值。利润分享计划也变得越来越常见。企业与员工、供应商或其他合作伙伴共享一部分盈利，以激励合作伙伴共同努力，实现共同的成功。这有助于建立紧密的关系，并推动共同的业务目标。

新兴财务利润分配模式反映了企业在决定如何使用其盈利时越来越关注社会责任、可持续性、股东回报和合作伙伴关系，包括员工激励计划、社会责任和可持续性投资、股利再投资计划、股权回购计划和利润分享计划等模式。企业可以根据其特定的价值观、战略目标和股东期望来选择适合的利润分配方式，以实现长期的经营成功和社会价值创造。这些新兴模式也有助于塑造企业的声誉和品牌形象，为未来的发展奠定坚实的基础。

（一）股权激励计划

股权激励计划是一种常用的管理工具，旨在激励员工和管理层为公司的成功做出更多贡献，分享公司的成长和价值提升。包括员工股票期权和股票奖励计划。员工股票期权是一种计划，允许员工以优惠价格购买公司股票的权利。这种权利通常在一段时间内逐渐解锁，鼓励员工长期留在公司，并与公司的成功紧密相关。员工股票期权的优势在于激励员工参与公司的长期增长，因为他们只有在公司股票表现良好时才能获益。员工股票期权还可以帮助公司吸引和留住高素质的员工，提高员工忠诚度。股票奖励计划是另一种股权激励计划，通常以公司的股票形式授予员工。与员工股票期权不同，股票奖励计划通常没有购买成本，而是赠送给员工。这些奖励通常受到一定的归属条件和绩效目标的约束。股票奖励计划鼓励员工积极参与公司的发展，因为他们只有在实现一定的目标时才能获得奖励。这种计划有助于提高员工与公司的利益一致性，推动绩效提升。股权激励计划的使用有助于增强员工的责任感和担当，激发创新和协作，提高公司的绩效。它们使员工感到他们与公司的命运息息相关，因此更有动力为公司的长期成功和价值创造而努力工作。然而，股权激励计划也需要谨慎设计和管理，以确保与公司的战略目标和利益一致，并遵守相关的法规和税收规定。

（二）财务创新工具

新兴的财务创新工具在管理利润分配方面发挥着重要作用，为企业提供了更多的灵活性和选择。债务融资是一种常见的财务创新工具，它允许企业通过借款来融资，并以未来的利息支付来管理利润分配。债务融资可以帮助企业获得资金，同时避免立即分配利润。企业可以灵活地管理债务的还款时间和利率，以满足财务需求。债务转股是另一种创新工具，允许债务持有人将债务转换为股权。这种工具可以在需要时减轻债务负担，并为企业提供了一种将债务转化为股权的方式，以管理利润分配。债务转股还可以增加股东的资本参与，有助于提高企业的资本结构。

特殊股权结构也是一种创新工具，可以用来管理利润分配。特殊股权结构允许不同类别的股东享有不同的权益，例如普通股和优先股。通过调整特殊股权结构，企业可以根据不同股东的需求和利益分配利润。这种工具可以帮助企业更好地平衡股权关系，吸引投资者并满足股东的期望。分红政策也是管理利润分配的重要工具。企业可以根据其财务状况和战略目标来制定分红政策，以决定何时和多少分红给股东。分红政策可以根据利润水平进行调整，确保企业有足够的现金流来支持日常经营和未来的投资。新兴的财务创新工具为企业提供了更多管理利润分配的选项和策略。债务融资、债务转股、特殊股权结构和分红政策等工具可以根据企业的需求和目标来灵活调整，帮助企业更好地管理其财务资源，满足不同利益相关者的需求，实现可持续的财务成功。但这些工具的运用需要慎重考虑，并结合企业的整体财务战略来制定和实施。

（三）风险管理

新兴财务利润分配模式下的风险管理方法至关重要，包括风险分散和投资组合多元化等策略。风险分散是一种关键的风险管理方法，涉及将资金分散投资于不同的资产类别或市场，以降低特定投资的风险。通过分散投资，投资者可以减少受到单一资产或市场波动的影响，降低整体风险水平。这种策略要求投资者精心选择多个不相关的资产，以确保投资组合的分散性。投资组合多元化是新兴财务利润分配模式下的另一项关键风险管理策略。多元化涉及将资金分配到不同的投资类型，如股票、债券、房地产和可替代投资，以降低投资组合的整体风险。通过投资不同类型的资产，投资者可以实现更平衡的回报和风险特征，降低依赖于单一资产类别的风险。

新兴财务利润分配模式下的风险管理还包括使用风险管理工具，如期权、期货和衍生品。这些工具可以用来对冲特定风险，如市场波动性或货币波动性，以保护投资组合免受不利的市场条件影响。然而，使用这些工具需要谨慎操作，并需要专业知识。风险管理需要综合考虑投资者的风险偏好和长期目标。不同的投资者有不同风险承受能力和投资目标，因此风险管理策略应当根据个体需求进行定制，包括确定适当的投资时间段、回报目标和风险限制。新兴财务利润分配模式下的风险管理方法至关重要，可以通过风险分散、投资组合多元化和使用风险管理工具等策略来降低投资风险。这些方法有助于保护投资者的资金，并增加长期投资的成功机会。风险管理应当与投资策略相一致，并根据市场条件和个体投资者的需求进行不断调整和优化，以实现财务目标和可持续增长。

第五节　会计管理的核算模式

　　管理视角下的会计管理核算模式是组织用于记录、报告和分析财务信息的方法。这一模式强调财务数据的实时性、可靠性和决策支持性，以满足管理层的信息需求，实现战略目标和优化资源利用，同时也注重财务数据的准确性和及时性。会计管理应确保财务数据的真实性，通过合理的会计政策和估计，反映组织的财务状况和业绩。财务报表需要及时编制，以便管理层在需要时能够获得最新的财务信息，支持决策制定。这一模式强调了管理报告的关键性。管理层需要定制的财务报告，以满足其具体的信息需求，包括分部门或分业务单元的报告、成本和收入分析、预算与实际绩效比较、市场份额和客户分析等。管理报告应具备可视化和可交互的特性，以帮助管理层更好地理解数据并做出明智的决策。

　　这一核算模式关注成本管理和效率。会计管理应该追踪和分析各种成本元素，包括直接成本、间接成本、固定成本和变动成本。这有助于识别成本效益不高的领域，并采取措施来提高效率，降低成本。会计管理应该支持预测和规划。管理层需要根据历史数据和市场趋势制定财务预测和计划，包括预测销售收入、成本、资本支出和现金流。预测和规划有助于优化资源配置和战略决策。这一核算模式关注风险管理和合规性。会计管理应确保遵守适用的会计准则和法规，并识别潜在的风险，包括市场风险、信用风险、操作风险和法律风险等。管理层需要了解风险并采取适当的措施来降低风险的影响。管理视角下的会计管理核算模式是一个综合的方法，旨在满足管理层的信息需求，支持决策制定和战略规划。它强调了财务数据的准确性、管理报告的关键性、成本管理和效率、预测和规划以及风险管理和合规性，有助于组织更好地管理财务资源，实现长期可持续的财务成功，并适应变化的市场条件和战略目标。

一、传统会计核算模式

传统会计核算模式是用于记录、报告和分析组织财务信息的一种传统方式，包括会计基础、会计周期、资产负债表和利润表等多个方面。会计基础是传统会计核算模式的基石，包括了会计原则和假设，用于指导财务信息的记录和处理。会计基础包括货币计量、会计实体、会计周期、历史成本、持续性假设和谨慎性原则等。会计周期是另一个重要的组成部分。传统会计核算模式通常采用年度会计周期，用以记录和报告一年内的财务活动，包括编制年度资产负债表和利润表，以便向内部和外部利益相关者提供全面的财务信息。

资产负债表是传统会计核算模式的关键组成部分。资产负债表用于展示组织的资产、负债和所有者权益的状况。它反映组织的财务健康状况，包括资产的价值、债务的水平和股东权益的规模。利润表也是传统会计核算模式的核心要素之一。利润表用于展示组织在特定会计周期内的收入、费用和净利润。它提供关于组织盈利能力的信息，包括毛利润和净利润。

传统会计核算模式还包括会计记录和报告的标准化方法。会计记录包括记录会计凭证、编制分类账、制作试算平衡和编制财务报表等过程。这些标准化方法有助于确保财务信息的准确性和可比性。传统会计核算模式是一种基于会计基础、年度会计周期、资产负债表和利润表等要素的传统方式，用于记录、报告和分析组织的财务信息。这一模式有助于提供组织的财务状况和盈利能力的全面视图，同时满足内部和外部利益相关者的信息需求。它是财务管理和决策制定的基础，对组织的财务透明度和合规性至关重要。

（一）会计周期

会计周期包括会计年度和会计期间，它们是财务报告编制的关键要素，对财务报告的准确性和可比性产生重大影响。会计年度是公司在财务报告中所采用的会计时间框架。会计年度通常为一年，但也可以是其他时间段，例如财政年度。会计年度的选择是根据公司的需求和法规来确定的，它有助于将财务信息按照一定的时间段划分，以便进行财务分析和比较。不同公司可以选择不同的会计年度，但一旦确定，通常会保持一致性。会计期间是会计年度内的具体时间段，通常为一个月或一个季度。公司可以选择采用月度或季度的会计期间，以便更精确地跟踪财务业绩。会计期间的选择可以根据公司的需求进行调整，但必须在会计年度结束时进行结算，以确保财务数据的完整性。

会计周期的选择对财务报告产生了重大影响。不同的会计周期可以导致财务数据的波动性，影响财务比较和分析的准确性。例如，如果公司选择季度会计周期，财务数据可能会显示季度内的波动，而不是全年的趋势。这对投资者、管理层和利益相关者来说都具有重要意义，因为它们依赖于财务报告来做出决策。会计周期是财务报告的基本构成要素，包括会计年度和会计期间的选择。正确选择和管理会计周期对于确保财务报告的准确性、可比性和一致性至关重要。公司需要根据其业务需求和法规要求来确定最合适的会计周期，以提供有价值的财务信息。

（二）会计政策和估计

会计政策的选择和会计估计的制定是财务报表编制过程中的重要方面，对企业的财务透明度和可比性至关重要。会计政策的选择涉及一系列决策，包括会计方法、计量基准和披露政策等。企业必须根据国际会计准则或国家会计准则的要求来选择适当的会计政策。不同的会计政策可能导致不同的财务报表呈现，因此必须在合法合规的框架内进行选择。会计政策的一致性和连续性非常重要，以确保财务报表的可比性。

会计估计的制定涉及对未来不确定事件的预测和估计。包括减值准备、折旧摊销、坏账准备等方面。企业必须依赖于可用信息和专业判断来进行估计。减值准备是对资产价值的减少进行估计，反映可能的损失。折旧摊销是对长期资产的使用寿命和价值进行估计，确定资产的递减价值。坏账准备是对应收账款的未来回收可能性进行估计，反映可能的损失。这些估计和预测必须具有谨慎性和合理性，确保财务报表的可信度。企业必须不断评估和更新这些估计，反映新信息和变化的情况。会计政策和估计必须在财务报表中进行适当的披露，以向利益相关者提供透明和详尽的信息。会计政策的选择和会计估计的制定是企业财务报表编制的核心环节。它们需要依据相关准则和法规来制定，同时要保持一致性、合理性和透明度。正确的会计政策和估计可以帮助企业准确反映其财务状况和业绩，提高财务报表的质量，增强投资者和其他利益相关者对企业财务信息的信任。

二、新兴会计核算模式

新兴会计核算模式，是指当代会计领域中涌现出的创新方法和模式，旨在更好地满足组织的财务信息需求，并提供更准确、实时和有洞察力的会计信息。数据驱动的会计核算模式正变得越来越重要。该模式强调了数据分析和大数据技术的应用，以更深入地理解企业的财务绩效和趋势。通过收集、存储和分析大规模数据，会计师可以提供更多关于企业运营和未来预测的信息。可持续会计核算模式越来越受到关注。该模式将环境、社会和治理因素纳入会计核算中，以衡量企业的可持续性表现。会计师需要考虑 ESG 数据，为内部和外部利益相关者提供有关企业社会责任和可持续性的信息。

云会计核算模式在不断发展。云计算技术使会计信息能够在云上存储和访问，提供更灵活的数据共享和协作机会。这有助于多个部门和团队更轻松地访问和分析会计信息，提高工作效率。区块链技术也为新兴会计核算模式提供了创新的途径。区块链可以提供安全、透明和不可篡改的交易记录，有助于减少欺诈和错误。这对审计和财务核算来说是一个重要的进展。

人工智能和自动化技术正日益应用于会计核算。人工智能可以自动处理重复性任务，如数据输入和分类，减少错误率和提高效率。这使会计师能够更多关注战略性任务，如风险管理和决策支持。新兴会计核算模式反映了当代会计领域的不断创新和进步。这些模式包括数据驱动的核算、可持续会计、云会计、区块链技术和人工智能的应用，旨在提供更准确、实时和洞察力的会计信息，以满足不断变化的商业需求和法规要求。在数字化时代，会计核算不断演化，为组织提供更多的工具和资源来管理财务信息，并做出明智的决策。

（一）现代会计技术

现代会计技术的应用，如云会计、区块链和人工智能，对提高会计数据的处理效率和准确性产生了显著影响。云会计是一种基于云计算技术的会计方式，使会计数据能够在线上轻松访问和共享。通过云会计，会计数据可以实时更新，多用户可以同时访问和编辑数据，而不受地理位置的限制。这提高了数据的可用性和协作性，减少了错误和数据丢失的风险。云会计还提供安全性和备份功能，保护数据的完整性和可靠性。区块链技术在会计领域的应用也日益增多。区块链是一种分布式账本技术，允许多个参与者在网络上共享和验证交易数据。在会计中，区块链可以确保交易的透明性和不可篡改性，减少数据造假和欺诈的可能性，提高了会计数据的准确性和可信度，降低审计成本，并改善财务报告的质量。

人工智能的应用也在会计中发挥了重要作用。人工智能可以自动化数据分析、分类和报告生成，减少手工处理的工作量，提高数据处理的速度和准确性。例如，人工智能可以识别异常交易、检测欺诈行为和生成复杂的财务报告，帮助会计师更快速、更准确地完成工作。人工智能还可以提供数据预测和趋势分析，帮助企业做出更明智的财务决策。现代会计技术的应用，如云会计、区块链和人工智能，为会计领域带来了革命性的变革，提高了数据处理的效率和准确性，减少了错误和欺诈的风险，改善了财务报告的质量。会计领域将继续受益于这些创新技术的不断发展和应用。

（二）成本管理和绩效管理

成本管理和绩效管理是企业管理中至关重要的方面，它们为决策制定和业绩评估提供了关键的支持。成本管理涉及成本核算和管理会计。成本核算是追踪和记录企业的成本，以便了解资源的使用情况和成本结构。它可以帮助企业确定产品或服务的成本，以支持价格制定和盈利分析。管理会计则通过提供成本信息和绩效度量来支持内部决策制定。它可以帮助企业管理资源、控制成本、评估效率和制定预算。绩效管理涉及绩效度量和绩效评估。绩效度量是对企业运营和财务表现的定量评估，可以包括财务指标（如利润、现金流、回报率）和非财务指标（如客户满意度、市场份额、员工满意度）。绩效评估则是对这些绩效度量的分析和解释，以便理解企业的绩效状况并制定改进措施。

这两方面的重要性在于它们对企业的决策制定和业绩评估产生了积极的影响。通过成本管理，企业可以更好地了解资源的使用情况，识别成本效益不佳的领域，并采取措施进行改进，这有助于提高盈利能力、降低成本、增加效率，提高企业的竞争力。绩效管理则使企业能够明确业务目标，制定战略计划，并监测实际绩效与目标之间的差距。它帮助企业识别成功因素和问题领域，更好地应对市场挑战和机会。绩效评估还可以帮助企业制定奖励和激励计划，鼓励员工取得更好的绩效。成本管理和绩效管理在企业管理中具有至关重要的地位。它们提供了有关成本和绩效的关键信息，有助于企业做出明智的决策、优化资源分配并提高业绩。这两个方面的有效实施可以增强企业的竞争力，实现可持续的增长和成功。

（三）数据分析和预测

新兴会计核算模式下，数据分析和预测应用正变得愈发重要，特别是大数据分析和预测建模。这些技术提供了更准确的决策支持，有助于企业更好地理解和应对不断变化的市场和业务环境。大数据分析在新兴会计核算模式中发挥关键作用。通过收集、存储和分析海量数据，企业可以发现隐藏在数据中的有价值信息。大数据分析揭示市场趋势、客户行为和竞争对手动向，帮助企业更好地预测市场变化和机会，例如，通过分析大数据，零售商可以了解消费者购物习惯，制定更精确的库存管理策略，以满足需求，同时减少过多库存的风险。预测建模是新兴会计核算模式中的另一个重要工具。通过建立预测模型，企业可以基于历史数据和趋势进行未来业务情景的预测。这有助于制定更具前瞻性的决策和战略。例如，金融机构可以使用预测建模来评估信贷风险，预测违约概率，并采取相应的风险管理措施。

新兴会计核算模式还可以通过数据分析来改善财务报告的准确性和透明度。自动化数据处理和分析工具可以减少错误和数据不一致性，确保财务报表的准确性，有助于提高合规性，降低审计风险，并增强对利益相关者的信任。数据分析和预测在新兴会计核算模式下可以加强业务决策的可操作性。企业通过仪表板和数据可视化工具将复杂的数据呈现为易于理解的图形和图表，帮助管理层快速识别关键趋势和问题，有助于更迅速地做出决策，并优化业务运营。数据分析和预测在新兴会计核算模式下的应用是不可或缺的。

大数据分析和预测建模提供了更准确的决策支持,有助于企业更好地理解市场、改善财务报告、预测未来情景,并提高决策的可操作性。这些技术不仅为企业提供了竞争优势,还为实现可持续增长和创新提供了强大的工具。

第八章　管理视角下的财务会计信息化及其创新

第一节　管理会计信息化

管理会计信息化，是指将信息技术应用于管理会计体系的建设和运作过程中，以提高管理决策的质量和效率。这一领域的发展对组织在面对不断变化的商业环境中更好地管理资源、制定战略决策至关重要。管理会计信息化强化数据收集和处理的能力，通过使用现代的信息技术工具，组织可以更快速、准确地收集、存储和处理大量财务和非财务数据。这为管理会计师提供了更多的数据来源，使其能够更好地理解组织的经营状况。管理会计信息化提高了数据分析和报告的效率。现代的会计软件和数据分析工具使管理会计师能够轻松地生成各种财务报表、预测模型和绩效指标。这有助于管理层更快速地做出决策，因为他们可以更容易地获取关键信息并分析其对组织的影响。

管理会计信息化加强了内部控制和风险管理。通过建立数字化审计轨迹和访问权限控制，组织可以更好地监控和保护敏感的财务数据，降低潜在的风险，确保财务信息的完整性和可靠性。管理会计信息化推动了决策支持系统的发展。现代的决策支持系统结合管理会计数据和业务智能，可以为管理层提供更深入的见解和预测，帮助他们更明智地制定战略决策。管理会计信息化是组织管理会计的一项重要工具，它强化数据收集、处理、分析和报告的能力，提高内部控制和风险管理的水平，同时也支持了更好的战略决策制定。在不断变化的商业环境中，管理会计信息化将继续发挥关键作用，帮助组织适应并成功应对挑战。

一、管理会计信息化的基本概念和背景

管理会计信息化，是指运用信息技术和数字化工具来支持组织内部财务管理和决策制定的过程。涵盖财务数据的采集、处理、分析和报告，以提供管理层所需的准确、实时的财务信息。背景是数字化时代的兴起和技术创新的蓬勃发展。随着信息技术不断演进，传统的财务管理方法已经无法满足组织的需求，管理会计信息化应运而生，成为适应现代商业环境的必要举措。管理会计信息化的基本概念包括利用计算机系统、软件和网络技术来处理财务数据，实现数据的自动化和数字化。它旨在提高工作效率、降低错误率、加强内部控制，并为管理层提供更好的数据支持，以便制定战略决策和规划业务发展。管理会计信息化是适应数字化时代的必然趋势，它借助信息技术的力量，为组织提供了更强大的财务管理工具，以应对竞争激烈的商业环境和不断变化的市场挑战。它不仅提高了数据处理的效率和准确性，还为组织提供了更多的机会来实现可持续发展和成功。

（一）管理会计信息化的定义

管理会计信息化，是指利用信息技术和数字化工具来支持组织内部的财务管理和决策制定过程。它包括数据的收集、处理、分析和报告，旨在提供管理层有关组织财务状况的准确和实时信息。在组织内部，管理会计信息化具有重要性。它提高了财务数据的准确性和可靠性，减少了手工处理错误的风险，有助于管理层更好地理解组织的财务状况，作出更明智的决策。管理会计信息化提高了工作效率，加快了数据处理速度。这意味着管理层可以更快速地获取财务信息，及时做出反应，应对市场变化和竞争压力。管理会计信息化还加强了内部控制和风险管理。它允许组织建立数字审计轨迹和访问权限控制，保护财务数据的完整性和机密性。管理会计信息化在组织内部的重要性体现在提高数据质量、工作效率和风险管理方面，它有助于管理层更好地了解组织的财务状况，并做出更明智的战略和运营决策，从而促进组织的可持续发展。

（二）管理会计信息化的基本原则

管理会计信息化的核心原则是关键的，它们确保系统的有效性和可信度。

由于不准确数据做出的决策可能会导致严重后果，故而数据精确性是至关重要的。数据应该经过仔细验证和审核，确保其准确性和完整性。及时性是一个关键原则，这是因为管理决策需要及时的信息。信息系统应该能够提供实时或近实时的数据，以支持迅速的反应和决策制定。可访问性是另一个关键原则，确保有权员工可以随时访问所需的信息，促进信息共享和协作，提高管理效率。信息的机密性和安全性也是核心原则，保护敏感数据免受未经授权的访问和威胁。系统的可扩展性和灵活性是关键原则之一，因为企业的需求可能会不断变化。系统应该能够适应新的业务要求和技术发展，以保持其长期有效性。综合来说，这些核心原则在管理会计信息化中起着重要的作用，保证了信息的质量、可用性和安全性，支持了管理决策和业务效率。

二、管理会计信息化的应用和工具

管理会计信息化的应用和工具是现代企业管理的重要组成部分，它们有助于提高决策制定、资源管理和业绩评估的效率和质量。企业常常依赖于企业资源规划系统（ERP）来整合各个部门的数据和流程。这种系统提供了统一的信息平台，使企业能够更好地管理资源、协调运营，包括财务、采购、生产、销售等方面。商业智能工具（BI）被广泛用于数据分析和可视化呈现。BI工具可以帮助企业从大量数据中提取有价值的信息，识别趋势和机会，支持决策制定有助于管理层更好地理解市场、客户和竞争对手的情况。

预算和规划软件被用于制定、管理和监测预算、预测和计划。这些工具有助于企业优化资源分配、成本控制和业务增长，确保目标的实现。成本管理系统是另一个重要工具，它可以帮助企业追踪和管理成本，包括制造成本、项目成本和运营成本等，有助于企业了解产品或项目的盈利能力，并制定成本优化策略。绩效管理工具用于设定关键绩效指标（KPIs），跟踪和评估员工和部门的表现。它们有助于提高绩效、激励员工，实现战略目标。管理会计信息化的应用和工具帮助企业更好地收集、分析和利用数据，支持决策制定和资源管理，提高管理效率和质量，帮助企业适应竞争激烈的商业环境，实现更好的绩效和竞争力。

（一）管理会计信息系统

管理会计信息系统的设计和实施是一个复杂而重要的过程，旨在支持数据的有效收集、处理和分析，以满足组织内部的管理需求。设计系统的数据收集模块，包括确定需要收集的财务数据类型和来源，以及建立有效的数据采集渠道，例如自动化数据输入、数据导入和数据抓取。确保数据的准确性和实时性是关键目标。设计数据处理和存储模块，包括建立数据库系统、数据仓库或云计算平台，存储大量财务数据，并实施数据清洗、转换和加载（ETL）流程，以确保数据的一致性和可用性。设计数据分析和报告模块，这包括建立数据分析工具和仪表板，以支持管理层对财务数据的深入分析和可视化呈现，有助于决策制定和战略规划，强调数据安全和隐私保护，实施访问控制、数据加密和备份策略，以确保数据的机密性和完整性。进行系统实施和培训。确保系统的顺利运行，并培训用户，使其能够充分利用系统的功能和工具。管理会计信息系统的设计和实施需要综合考虑数据收集、处理和分析的各个方面。这有助于提高财务数据的质量、可用性和战略价值，支持组织的决策制定和业务运营。它是现代企业成功的关键因素之一。

（二）预算和规划工具

预算和规划软件在企业中扮演着关键的角色，支持资源分配和绩效管理。预算管理系统允许企业制定和管理预算，确保资源的有效分配。它们允许企业设定预算目标、跟踪实际支出，进行预算修订，并生成预算报告，有助于管理层了解财务状况，及时采取行动。财务规划工具帮助企业进行长期和短期的财务规划，模拟不同的业务方案，预测未来的现金流、盈利能力和财务状况。这有助于企业制定战略性的财务决策，如投资计划和资本支出。这些软件支持绩效管理，通过设定关键绩效指标（KPIs）和目标，跟踪实际绩效并进行比较，有助于评估员工、部门和项目的表现，激励改进和对业绩进行实时监测。预算和规划软件在资源分配、绩效管理和战略规划方面发挥着关键作用。它们帮助企业提高财务管理的效率和透明度，支持决策制定和业务增长，有助于实现长期的财务健康和竞争力。

第二节 管理会计信息系统的建设

建设管理会计信息系统是企业管理的关键组成部分。该系统的目标是提供准确、及时的管理信息，以支持决策制定、资源分配和业绩评估。管理会计信息系统需要明确定义企业的目标和需求。企业必须明确自身的战略目标和管理需求，以确保信息系统能够满足这些需求，包括确定所需的报告类型、信息级别和数据分析功能。信息系统的设计和实施需要考虑到数据的准确性和完整性。数据质量对管理会计信息的可信度至关重要。因此，需要建立适当的数据收集、存储和处理流程，以确保信息系统能够提供准确的数据。

信息系统的界面和用户体验也需要被考虑。系统应该易于使用和理解，以便各级管理人员能够轻松地访问所需的信息。用户培训和支持也是系统成功的关键因素。信息系统应具备灵活性和可扩展性。企业的需求可能会随着时间而变化，系统应具备适应变化的能力，同时，系统应能够集成不同的数据源和应用程序，以便全面地支持管理决策。

信息系统的安全性也是关键因素。管理会计信息通常包含敏感数据，因此必须采取适当的安全措施来防止未经授权的访问和数据泄露。信息系统的维护和更新是持续的过程，需要定期审查和更新，以确保其与企业的需求和技术变化保持一致。管理会计信息系统的建设需要全面考虑企业的需求、数据质量、用户体验、灵活性、安全性和维护。一个有效的信息系统可以为企业提供准确的管理信息，支持决策制定和业绩评估，提高管理效率和效益。

一、管理会计信息系统的规划和设计

管理会计信息系统的规划和设计是组织内部财务管理的重要组成部分。其核心目标是确保系统能够满足组织的需求，提供高效、准确的财务信息，支持决策制定和战略规划。规划和设计过程需要明确系统的目标和范围包括确定需要支持的财务流程、数据收集和分析要求。清晰的目标有助于确保系统满足实际需求。要选择合适的技术和工具包括选择适当的软件平台、数据库系统和网络架构，以确保系统的可扩展性和安全性。需要设计用户界面和报告系统，以确保管理层能够方便地访问和理解财务信息。用户友好的界面和易于生成的报告对于决策制定至关重要。

规划和设计过程还需要考虑数据安全和备份策略。财务信息的保护和灾难恢复计划是系统设计的重要组成部分。需要进行系统测试和培训，确保系统的正常运行和用户的熟练使用。培训员工以充分利用系统的潜力对成功实施至关重要。管理会计信息系统的规划和设计是一个复杂而细致的过程，需要综合考虑技术、流程和人员因素。它的成功实施有助于提高财务管理的效率和准确性，为组织的成功和可持续发展提供了坚实的基础。

（一）系统规划

管理会计信息系统的建设是为了满足组织内部管理的需求，以支持决策制定和战略规划。为了确保系统的成功实施，需要明确系统建设的目标和需求，以及确定系统的范围和规模，需要管理会计信息系统来提高财务数据的准确性和实时性。财务数据是组织决策的基础，因此需要确保数据的可靠性，以便管理层能够做出明智的决策。

系统的目标是提高工作效率。通过自动化数据收集和处理，可以节省时间和资源，减少手动错误，使财务部门更加高效。系统需要支持数据分析和报告，以便管理层能够更好地理解组织的财务状况，并制定战略计划，有助于提高组织的竞争力和适应能力。需要明确系统的范围和规模，以确保系统满足实际需求，包括确定需要支持的财务流程、用户群体和数据量。明确的范围有助于避免不必要的复杂性和成本。管理会计信息系统的建设是为了提高财务数据的质量、工作效率和决策支持。明确系统的目标和需求，以及确定系统的范围和规模，有助于确保系统的成功实施，为组织的可持续发展提供坚实的基础。

（二）安全性和合规性

系统的安全性和合规性是企业财务信息化不可或缺的重要方面，关系到数据的保护、合法性和可信度。数据保护是关键。企业的财务信息包含敏感的财务数据，如客户信息、财务报表等，必须受到严格的保护。系统应采取强大的加密技术，确保数据在传输和存储过程中不被非法访问或篡改。访问控制是必要的。只有经过授权的员工应该能够访问系统中的敏感信息。强大的身份验证和访问控制机制应该被实施，以确保只有有权员工才能够获取敏感数据。合规性报告是不可或缺的。企业必须遵守法规和行业标准，确保其财务信息化系统的操作是合法的和规范的，合规性报告可以帮助企业证明其合法性，避免潜在的法律风险和罚款。

定期的安全审计和风险评估是维护系统安全性和合规性的关键步骤。这有助于及时识别和纠正潜在的安全漏洞和合规问题。系统的安全性和合规性是企业财务信息化的基石，需要综合的技术、政策和程序来保护敏感数据，确保合法操作，并降低潜在的风险。这些措施有助于提高企业的信誉和稳健性，为长期成功打下坚实的基础。

二、管理会计信息系统的实施和维护

管理会计信息系统的实施和维护是一个复杂而持续的过程，它需要仔细的计划和专业的管理。实施阶段需要明确的项目计划，包括确定实施目标、范围和时间表，分配资源和确定团队成员的职责。同时，需要识别潜在的风险和问题，并制定解决方案。选择合适的技术和软件是关键。系统应与企业的需求和现有基础设施相适应。在实施过程中，应该进行系统配置、测试和培训，以确保系统的稳定性和性能。

变革管理是至关重要的。员工需要适应新的系统和工作流程，因此培训和支持计划非常重要。管理层应该积极参与，推动变革并解决问题。一旦系统实施完成，维护和监测是持续的任务。这包括定期更新系统、处理问题和改进流程。同时，确保数据的质量和安全性也是关键任务之一。管理会计信息系统的实施和维护需要全面的规划、技术支持和变革管理。一个成功的实施和维护过程可以提高管理效率、决策质量和业务绩效，有助于企业实现长期成功和竞争力。

（一）系统实施

系统的实施过程是管理会计信息系统建设的关键阶段，涉及多个步骤，旨在确保系统正常运行进行软件部署。包括安装和配置系统所需的硬件和软件组件，以确保系统能够在组织的基础设施上顺利运行。进行数据迁移。将现有的财务数据迁移到新系统中，确保数据的完整性和准确性。这需要仔细规划和测试，以避免数据丢失或错误。组织开展培训。培训用户和管理员，使他们能够熟练使用系统的功能和工具。培训有助于确保系统的有效使用和最大化价值。进行系统测试。测试包括功能测试、性能测试和安全性测试，以确保系统能够满足预期的要求，并在正式上线前解决所有问题。进行系统上线。在经过充分的测试和培训后，正式启动系统，让用户开始使用它来支持日常财务管理和决策制定。系统的实施过程是确保管理会计信息系统正常运行的关键步骤。它需要仔细规划、充分测试和有效培训，以确保系统能够顺利投入使用，并为组织提供强大的财务管理工具。成功的实施过程有助于提高工作效率和数据质量，为组织的成功和可持续发展提供了坚实的基础。

（二）系统维护和更新

系统的维护和更新策略对保持财务信息化系统的稳定性和竞争力至关重要。修复漏洞是维护的核心。随着时间的推移，系统可能会出现安全漏洞和错误，因此需要定期的安全补丁和修复程序，防止数据泄露和系统崩溃，维护系统的完整性和可靠性。增加新功能是系统更新的重要组成部分。随着业务需求的变化和技术的发展，系统需要不断进化。添加新功能可以提高效率、改善用户体验，并支持业务增长。这需要与业务部门紧密合作，确定新功能的需求，并确保其与现有系统的兼容性。适应变化的需求是关键。企业环境和市场条件可能会发生变化，系统需要能够迅速调整以满足新的需求，包括灵活性和可扩展性的设计，以及敏捷的开发和部署流程。

定期的性能监测和优化也是维护的一部分。系统的性能应该保持在最佳水平，以确保高效的运行和用户满意度。系统的维护和更新策略需要持续关注安全、功能和适应性。它们有助于保持系统的可用性、稳定性和竞争力，确保企业能够适应不断变化的商业环境，实现长期的成功和创新。

第三节 网络环境下会计信息服务平台的构建

在网络环境下构建会计信息服务平台是面向未来的关键举措。这一平台将为会计行业带来革命性的变革，提高效率、可靠性和可访问性。会计信息服务平台应该建立强大的云计算基础架构，以实现数据的存储、处理和共享。

云计算提供了高度灵活性和可扩展性，使会计数据可以随时随地访问，同时确保数据的安全性和完整性。平台应该整合先进的数据分析和人工智能技术。这将使会计信息可以更深入地分析，自动化处理冗长的任务，减少错误率，并提供实时的决策支持。例如，自动化的会计分类和审计工具可以大大提高数据处理的效率和准确性。

会计信息服务平台应该支持数字身份验证和加密技术，以确保数据的安全性和隐私保护。这对于敏感财务信息的保护至关重要，以防止未经授权的访问和数据泄漏。平台还应该提供多维度的数据可视化和报告功能，以满足不同用户的需求，从高级财务分析到简化的报告生成，用户可以根据自己的需求定制信息呈现方式。为了实现全面的会计信息服务平台，跨部门和跨组织的合作至关重要。这将确保数据的共享和互操作性，使不同部门和组织之间的信息流畅传递。网络环境下的会计信息服务平台将变革会计行业，提高效率、可靠性和可访问性。通过云计算、数据分析、人工智能和数字安全技术的整合，该平台将为用户提供更强大的工具，以支持决策制定、财务管理和合规性。同时，跨部门和跨组织的合作将确保平台的全面性和可持续性。

一、会计信息服务平台规划和设计

会计信息服务平台的规划和设计是一项关键任务，旨在满足组织内部的会计信息需求，提供高效、可靠的信息支持。明确定义平台的目标和范围，包括确定平台将支持的会计流程、用户需求和数据管理要求。明确的目标有助于确保平台满足实际需求。选择适当的技术和架构。选择合适的硬件、软件和数据库系统，以支持平台的高性能、可扩展性和安全性。技术选型需要与平台的目标一致。设计用户界面和功能模块。确保平台具有直观的用户界面，支持各种会计任务，如数据输入、报表生成和数据分析。平台还需要考虑数据安全和隐私保护。实施强大的数据加密、访问控制和备份策略，以确保数据的完整性和保密性。进行系统测试和培训。测试确保平台的正常运行和性能，培训用户以充分利用平台的功能和潜力。会计信息服务平台的规划和设计是一个综合性任务，需要考虑技术、流程和数据管理等多个因素。成功的规划和设计有助于提高会计信息的质量和可用性，为组织的决策制定和业务运营提供了有力支持。

（一）平台目标

构建会计信息服务平台是出于满足组织内部会计信息需求的目的，以提高财务管理和决策支持的效率和质量。需要构建会计信息服务平台，因为现代企业面临着日益复杂和竞争激烈的商业环境。在这个环境中，及时、准确的会计信息对于组织的成功至关重要。因此，需要一个强大的平台来处理和分析大量的财务数据，以支持决策制定和战略规划。

平台的主要目标是提高财务数据的质量和可用性。通过自动化数据收集和处理，减少人为错误，提高数据的准确性。同时，通过可视化和报告工具，可以更好地呈现财务信息，使管理层能够更系统地理解组织的财务状况。平台的愿景是建立一个智能化的财务信息服务中心，可以通过云计算、大数据分析和人工智能等新兴技术来实现。这个平台将具有高度的可扩展性和灵活性，以适应不断变化的业务需求。它将支持实时数据访问，帮助管理层更快速地做出决策，并改进组织的竞争力。

构建会计信息服务平台是为了满足现代企业的财务管理需求。平台的主要目标是提高数据质量和可用性，其愿景是建立一个智能化的财务信息服务中心，以支持组织的成功和可持续增长。这个平台将成为组织内部财务决策的重要支持工具。

（二）用户需求分析

会计信息服务平台的成功取决于其能否满足各个用户群体的需求，包括会计师事务所、企业和政府监管机构。

对于会计师事务所，他们需要一个强大的平台来支持审计和财务报表的编制。这意味着平台应提供准确、可追溯和易于审计的财务数据。同时，它还应该具备数据分析和审计工具，以便进行全面的审计和风险评估。会计师事务所也需要方便的数据导出和报告功能，以满足客户的需求。

对于企业，他们需要一个集成的平台来管理财务和会计数据，以支持决策制定和财务管理。平台应该能够自动化数据录入和报表生成，提高工作效率。企业还希望平台能够提供实时的财务分析和预测工具，帮助他们做出更明智的财务决策。

对于政府监管机构，他们需要一个可靠的平台来监督企业的财务报告和合规性。平台应提供数据收集和监测功能，以确保企业遵守法规和报告准则。它还应该具备数据分析和报告工具，以支持监管机构的审计和调查。

会计信息服务平台应该考虑到不同用户群体的需求，提供灵活、可定制的解决方案。这有助于满足各方的期望，促进数据共享和合作，提高财务信息化的效率和透明度，最终实现更好的财务管理和监管。

二、会计信息服务平台的实施和运维

会计信息服务平台的实施和运维是确保会计信息系统有效运作的关键环节。实施阶段需要明确的计划和目标。包括确定系统的功能和需求，以满足企业的会计和财务管理需求。在选择合适的技术和软件方面，需要充分考虑系统的可扩展性和集成性。系统的部署需要谨慎进行。包括硬件和软件的安装、配置和测试。系统的数据迁移也是一个重要环节，确保历史数据和现有数据无缝过渡。

培训和变革管理是关键。员工需要适应新的平台和工作流程，因此培训计划和支持措施至关重要。管理层应积极推动变革，确保员工能够顺利适应。一旦系统上线，运维和维护是持续的任务。这包括定期更新系统、监测性能、处理问题和确保数据的完整性和安全性。同时，系统需要不断优化，以满足不断变化的需求和法规。会计信息服务平台的实施和运维需要全面的规划、技术支持和变革管理。一个成功的实施和运维过程可以提高会计信息的质量和可用性，支持企业的财务决策和监管合规，有助于企业实现长期的财务稳健和竞争力。

（一）平台实施

平台的实施过程是确保会计信息服务平台正常运行的关键步骤，包括软件开发、系统集成、数据迁移、培训和测试等多个方面。

进行软件开发。这涉及开发平台所需的软件应用程序和工具，以满足组织的具体需求。开发过程需要根据需求规格书和设计文档进行，确保软件能够有效地收集、处理和分析财务数据。

进行系统集成。包括将各个组件和模块集成到一个统一的平台中，确保它们能够无缝协同工作。集成涉及硬件和软件的配置和连接，以支持平台的高性能和可扩展性。

进行数据迁移。这是将现有的财务数据从旧系统迁移到新平台的过程。迁移需要确保数据的准确性和完整性，同时保持数据的历史记录。这通常需要详细的计划和测试，以确保平稳过渡。

进行培训。培训用户和管理员，使他们能够充分利用平台的功能和工具。培训有助于确保平台的有效使用和最大化价值。进行系统测试。这包括功能测试、性能测试和安全性测试，以确保平台能够满足预期的要求，并在正式上线前解决所有问题。测试是确保平台正常运行的重要步骤。

平台的实施过程是一个复杂的过程，需要涵盖软件开发、系统集成、数据迁移、培训和测试等多个方面。成功的实施过程有助于确保会计信息服务平台能够正常运行，为组织提供高质量的财务数据支持，支持决策制定和战略规划，提高组织的竞争力和效率。

（二）运维和维护

平台的运维和维护策略对于确保其稳定运行和高效性能至关重要。系统监测是运维的关键。平台应该配备强大的监测工具，用于实时追踪系统的运行状况。服务器状态、数据库性能、网络流量等方面的监测。监测工具可以及时发现潜在问题，并自动触发警报，以便运维团队能够迅速采取行动。问题解决是维护的一部分。运维团队应该建立一个有效的故障排除流程，以快速识别和解决问题。包括软件漏洞修复、硬件更换、数据恢复等。问题解决的速度和效率对于最小化系统停机时间至关重要。数据备份是不可或缺的。平台的数据是宝贵的资产，必须进行定期的备份和存储。备份数据应存储在安全的地方，以防止数据丢失或损坏。定期的数据恢复测试也是必要的，以确保备份的可用性。性能优化是运维的重要任务。平台的性能应该始终保持在最佳状态，以确保高效的运行。运维团队应该定期进行性能评估，并采取措施来优化系统，包括服务器升级、数据库索引优化、缓存策略等。平台的运维和维护策略需要结合监测、问题解决、数据备份和性能优化等方面的措施，确保平台的可用性、稳定性和安全性，满足用户的需求，维护良好的用户体验，确保长期的成功运行。

第四节　智能时代财务信息化整体规划

智能时代财务信息化的整体规划是一个至关重要的战略性决策，它需要充分考虑现代商业环境的挑战和机会，以确保组织能够有效管理财务信息并取得持续成功。

整体规划应着重于数字化转型。这意味着将传统的财务流程和报告转变为数字化、自动化的形式。例如，采用云会计系统、智能财务软件和自动化数据采集工具，以提高数据收集、处理和分析的效率。数字化转型包括实施数据分析和预测工具，以更好地理解组织的财务趋势和风险。整体规划应考虑数据安全和隐私保护。随着数字化的推进，财务信息可能会变得更加敏感，因此必须制定有效的数据安全政策和措施。包括加强访问控制、数据加密和网络安全，以及遵守相关的法规和合规要求，确保财务数据的机密性和完整性。

整体规划还应重视数据分析和决策支持。智能时代的财务信息化需要更多地关注数据分析和洞察力的提高。通过整合人工智能和机器学习技术，可以更好地识别趋势、预测未来，为组织提供更好的决策支持。这将帮助管理层更明智地制定财务战略和业务计划。

整体规划还需考虑培训和人员发展。随着新技术的引入，员工需要不断更新和提升他们的技能，以适应智能时代的财务信息化要求。因此，规划应包括培训计划和资源，确保员工能够熟练使用新工具和技术，以最大化其潜力。

智能时代的财务信息化整体规划需要综合考虑数字化转型、数据安全、数据分析和培训等多个方面。这将帮助组织更好地应对未来的挑战和机会，提高财务管理的效率和准确性，促进业务的可持续发展。

一、智能时代财务信息化规划的基本概念和背景

智能时代财务信息化规划涉及财务领域的数字化转型，旨在充分利用信息技术和智能工具来提高财务管理和决策支持的效率和精度。其背景是现代

商业环境中数字化技术的快速发展，以及组织对更智能、更敏捷的财务解决方案的需求。基本概念包括利用云计算、大数据分析、人工智能和区块链等新兴技术来重新构思财务管理流程，以加速数据处理、提高数据质量和提供实时的决策支持。这意味着财务信息不再仅仅是报表和数字，而是变得更加智能、预测性和战略性。

背景包括数字化时代的来临，大数据的爆发和全球性竞争的加剧。组织需要更敏捷地适应市场变化，更快速地做出决策，更好地管理风险，这些都需要强大的智能化财务信息化系统的支持。监管和合规要求的增加也推动了财务信息化的发展，以确保数据的准确性和合法性。智能时代财务信息化规划的基本概念是以数字化、智能化为核心，以提高财务管理和决策制定的质量和效率。其背景是数字化时代的发展和组织在竞争激烈的环境中取得成功的迫切需求。这将帮助组织更好地适应变化，实现可持续增长。

（一）财务信息化的重要性

财务信息化在智能时代中发挥着关键作用，对组织的成功和可持续发展至关重要。

财务信息化提高了效率。通过自动化财务流程，例如会计核算、报销审批和发票处理，财务信息化减少了手动劳动，缩短了处理时间，降低了错误率。这使财务部门能够更快速、更准确地完成任务，提高了整体工作效率。

财务信息化降低了成本。自动化和数字化的财务流程减少了纸质文件的使用和存储需求，同时降低了人力成本。通过分析数据，组织可以更好地识别和减少不必要的支出，从而降低了总体运营成本。

财务信息化提供了决策支持。通过高效的数据收集、处理和分析，财务信息化为管理层提供了实时和准确的财务信息。这有助于管理层更好地理解组织的财务状况，制定更明智的战略计划和决策，以应对快速变化的市场需求。

财务信息化增强了数据安全性。采用现代的安全措施，如数据加密和身份验证，可以保护财务数据不受未经授权的访问和威胁。这有助于维护数据的机密性和完整性。

财务信息化促进了组织的创新。通过集成新兴技术，如人工智能和大数据分析，组织可以探索新的商业模式和机会。这有助于组织在竞争激烈的市场中保持领先地位。

综上所述，财务信息化在智能时代中扮演着关键的角色，提高效率、降低成本、提供决策支持、增强数据安全性和促进创新。这使得财务信息化成为现代组织不可或缺的战略工具，有助于实现可持续增长和成功。

（二）规划目标和愿景

整体规划的主要目标和愿景在于建设一个强大的智能财务体系，以提高数据分析能力和财务管理效率。

首要目标是构建智能财务体系。这意味着整体规划将集中于引入先进的技术和工具，如人工智能、机器学习、自动化流程等，以提升财务部门的智能化水平。通过自动化数据录入、报表生成和分析，智能财务体系将减少人工操作，提高工作效率，降低错误率。它还能够实时监测财务数据，快速识别潜在问题，支持实时决策。提高数据分析能力是关键目标。整体规划将注重数据的质量、可访问性和可分析性。包括建立数据仓库、制定数据标准、确保数据一致性和准确性。通过强化数据分析工具和技能培训，组织将能够更好地理解和利用财务数据，发现趋势、识别机会和降低风险。

另一个目标是提高决策支持能力。整体规划将致力于为管理层提供实时、准确的财务信息和分析报告。这将使管理层能够更快速地做出决策，对组织的财务状况有更深入的了解，并制定战略规划。整体规划的愿景是建立一个协同工作的财务生态系统，将各个部门和利益相关者连接起来，实现数据共享和合作。这将有助于提高组织的整体绩效，加强决策制定和战略规划，推动业务增长。

整体规划的主要目标和愿景是通过构建智能财务体系、提高数据分析能力和决策支持能力，实现财务管理的现代化和智能化，为组织的可持续发展和竞争力提供强有力的支持。

二、智能时代财务信息化整体规划的策略和实施

在智能时代，财务信息化的整体规划需要紧密结合企业的战略目标和未来趋势，制定策略和实施计划。企业应该明确财务信息化的目标，包括提高效率、降低成本、增强数据分析能力和支持决策制定等。企业需要评估现有的信息系统和数据基础，确定存在的问题和瓶颈。接下来，制定一份详细的

财务信息化战略，包括技术架构、数据管理、安全性和合规性等方面的规划。接着，确定实施计划，包括资源分配、时间表和阶段性目标。在实施过程中，要注重员工培训和变革管理，确保团队能够适应新的系统和工作流程。建立监测和评估机制，以不断优化财务信息化系统，确保它与企业的战略目标保持一致，并不断适应快速变化的技术和市场环境。这种策略和实施的综合方法可以帮助企业在智能时代实现财务信息化的成功规划和实施。

（一）数据管理和分析策略

数据管理和分析策略是在智能时代中关键的组织资产，对取得竞争优势和做出明智决策至关重要。

1. 数据采集

首要任务是收集多源的数据，包括内部和外部数据源。这可以通过传感器、应用程序、社交媒体、网站交互等方式实现。数据采集需要确保数据的准确性、完整性和时效性。

2. 数据存储

数据需要以可伸缩、安全、高可用性的方式存储。云存储和大数据平台提供了灵活性和性能优势，使数据能够快速存储和检索。同时，数据安全性也是存储的关键考虑因素。

3. 数据清洗

数据清洗是确保数据质量的关键步骤。包括识别和修复数据中的错误、缺失值和冗余信息。清洗数据有助于提高分析的准确性和可靠性。

4. 数据分析

数据分析是从海量数据中提取洞察的关键过程。包括描述性分析、预测性分析和决策性分析。统计方法、机器学习和人工智能技术被广泛用于数据分析，以发现潜在的模式和趋势。

5. 数据可视化

数据可视化是将分析结果以图形和图表的形式呈现的过程。它有助于使复杂的数据更易理解，并帮助决策者做出明智的决策。交互式可视化工具允许用户自定义数据呈现方式。

6. 数据安全性和合规性

保护数据的安全性和确保合规性是数据管理的关键方面。加密、身份验证、访问控制和合规性审计是确保数据安全的关键措施。

7. 数据监控和优化

数据管理策略需要定期监控和评估，以确保数据管理流程的高效性和有效性。根据反馈和性能指标进行持续改进，以适应不断变化的需求。

数据管理和分析策略涵盖数据采集、存储、清洗、分析和可视化等多个环节。它们共同支持组织在智能时代中更好地理解数据、做出明智决策并取得竞争优势。一个完善的数据管理和分析策略将有助于组织实现创新、提高效率和应对市场变化。

（二）智能财务工具和应用

智能财务工具和应用的选择和实施对提高财务管理的效率和准确性至关重要。自动化会计是一个关键领域。选择适当的自动化会计工具可以帮助企业减少手动数据录入和整理的工作，提高会计操作的准确性和效率，通过自动化核算、账务处理和财务报表生成，确保财务数据的及时性和一致性。实施自动化会计需要与财务团队密切合作，确保系统能够满足特定业务需求，并遵守会计准则和法规。预测分析是财务决策的关键组成部分。选择适当的预测分析工具可以帮助企业更好地理解未来的趋势和风险，支持决策制定，通过分析历史数据、市场趋势和业务指标，为企业提供有关销售预测、资本需求、成本控制等方面的见解。实施预测分析需要建立可靠的数据模型和算法，以确保预测的准确性和实用性。智能报告是与利益相关者共享财务信息的关键。选择适当的智能报告工具可以帮助企业生成可视化和交互式报告，使财务信息更容易理解和分析，通过自定义报告格式、呈现方式和数据视图，以满足不同利益相关者的需求。实施智能报告需要确保数据的一致性和可靠性，以及报告的安全性和合规性。

智能财务工具和应用的选择和实施需要综合考虑业务需求、技术要求和法规合规性。有助于提高财务管理的效率、准确性和决策支持能力，推动企业的发展和竞争力。

参考文献

[1] 张昌鸿 . 互联网视角下纺织企业财务会计与管理会计协同发展研究 [J]. 中国集体经济 ,2023,(34):149-152.

[2] 李怡萱 . 人工智能视角下皮革企业财务会计向管理会计转型研究 [J]. 西部皮革 ,2023,45(15):15-17.

[3] 邓海锋 . 供给侧改革视角下财务会计内控管理的路径 [J]. 财讯 ,2023,(13):135-137.

[4] 林祥峰 . 人工智能视角下企业财务会计向管理会计的转型探索 [J]. 中国管理信息化 ,2023,26(04):65-67.

[5] 王君 . 大数据视角下财务会计向管理会计转型探索 [J]. 财会学习 ,2021,(21):10-12.

[6] 索金龙 . 大数据视角下财务会计向管理会计转型思考 [J]. 当代会计 ,2021,(12):3-4.

[7] 周玉笛 . 数据视角下财务会计向管理会计转型的策略 [J]. 财会学习 ,2021,(15):86-87.

[8] 姜彦淇 . "新三论" 视角下财务会计和管理会计融合的必要性 [J]. 中国商论 ,2021,(10):129-131.

[9] 钱文 . 大数据视角下财务会计向管理会计转型的策略探讨 [J]. 财会学习 ,2021,(13):72-73.

[10] 常茂松 . 基于大数据视角下财务会计向管理会计转型的途径分析 [J]. 审计与理财 ,2021,(03):57-58.

[11] 黄兰英 . 财务信息化视角下管理会计与财务会计的融合 [J]. 中国中小企业 ,2021,(02):108-109.

[12] 欧阳娟 , 张雪莲 . 网络经济时代视角下财务会计管理的有效性探究 [J]. 中小企业管理与科技 (下旬刊),2020,(09):78-79.

[13] 乌仁塔娜 .IT 视角下管理会计与财务会计的融合研究 [J]. 科教导刊

(中旬刊),2020,(26):70-71.

[14] 李娜 , 王丹 . 多元利益视角下管理会计与财务会计融合的路径研究 [J]. 安徽职业技术学院学报 ,2020,19(02):93-96.

[15] 李漫君 . 供给侧改革视角下财务会计内部控制管理措施分析 [J]. 中国管理信息化 ,2020,23(09):12-13.

[16] 相丽萍 . 基于 IT 视角下管理会计与财务会计的融合研究 [J]. 财经界 ,2020,(12):145-146.

[17] 刘素林 . 大数据视角下财务会计向管理会计转型的策略探讨 [J]. 财会学习 ,2020,(05):166-167.

[18] 贾春娟 . 会计价值评论视角下管理会计和财务会计融合的研究 [J]. 中外企业家 ,2019,(30):25.

[19] 顾朗 . 大数据视角下财务会计向管理会计转型的策略分析 [J]. 现代营销 (经营版),2019,(09):164.

[20] 皮桐林 . 财务信息化视角下管理会计和财务会计的融合 [J]. 商讯 ,2019,(21):157+159.